南懷瑾文化

金剛經說甚麼

下

南懷瑾◎講述

目錄

第十七品　究竟無我分

爾時須菩提白佛言。世尊。善男子。善女人。發阿耨多羅三藐三菩提心。云何應住。云何降伏其心。佛告須菩提。善男子。善女人。發阿耨多羅三藐三菩提心者。當生如是心。我應滅度一切眾生。滅度一切眾生已。而無有一眾生實滅度者。何以故。須菩提。若菩薩有我相人相眾生相壽者相。即非菩薩。所以者何。須菩提。實無有法。發阿耨多羅三藐三菩提心者。須菩提。於意云何。如來於然燈佛所。有法得阿耨多羅三藐三菩提不。不也。世尊。如我解佛所說義。佛於然燈佛所。無有法得阿耨多羅三藐三菩提。佛言。如是如是。須菩提。實無有法。如來得阿耨多羅三藐三菩提。須菩提。若有法如來得阿耨多羅三藐三菩提者。然燈佛即不與我授記。汝於來世。當得作佛。號釋迦牟尼。以實無有法。得阿耨多羅三藐三菩提。是故然燈佛。與我授記。作是言。汝於來世。當得作佛。號釋迦牟尼。何以故。如來者。即諸法如義。若有人言。如來得阿耨多羅三藐三菩提。須菩提。實無有法。佛得阿耨多羅三藐三菩提。須菩提。如來所得阿耨多羅三藐三菩提。於是中無實無虛。是故如來說一切法。皆是佛法。須菩提。所言一切法者。即非一切法。是故名一切法。須菩提。譬如人身長大。須菩提言。世尊。如來說人身長大。即為非大身。是名大身。須菩提。菩薩亦如是。若作是言。我當滅度無量眾生。即不名菩薩。何以故。須菩提。實無有法。名為菩薩。是故佛說一切法。無我無人無眾生無壽者。須菩提。若菩薩作是言。我當莊嚴佛土。是不名菩薩。何以故。如來說莊嚴佛土者。即非莊嚴。是名莊嚴。須菩提。若菩薩通達無我法者。如來說名真是菩薩。

現在講到第十七品了，梁昭明太子下了功夫研究，把它分成三十二品，現在已經講完第十六品，剛好是一半。一半就是半斤，半斤就是八兩，二八就是十六了，一半一半。這一半講完了，下面還有十六品，另起爐灶，這個分類是有一個道理的，不能不注意；這不像我們現在寫書，高興寫到哪裡，拿個數字隨便來標一下就算了，這裡研究的，同《易經》數理的哲學，有著密切的關係。所以現在第十七品，回轉來，又是一個新的起頭。

發什麼願

爾時須菩提白佛言。世尊。善男子。善女人。發阿耨多羅三藐三菩提心。云何應住。云何降伏其心。

你看，又回頭了！又是老問題，這個須菩提也同我們一樣，夠囉嗦的了！《金剛經》一開始，他就問佛這兩個問題，佛一路給他講下來，講到了現在，他老哥是等於為我們問話，老師啊！我還沒有懂咧！他說一個學佛的人，剛剛要發大乘心，要想成佛，想明心見性悟道，「云何應住」呀？我的心定不了啊，怎麼住？住在哪裡呀！「云何降伏其心」呀？我的思想煩惱多得很啊，怎麼把它降伏下去呢？還是這個老問題。你看，很滑稽吧！假使把它當一個劇本，不要當佛經看，這個演員夠囉嗦的了！

佛告須菩提。善男子。善女人。發阿耨多羅三藐三菩提心者。當生如是心。我應滅度一切眾生。滅度一切眾生已。而無有一眾生實滅度者。何以故。須菩提。若菩薩有我相人相眾生相壽者相。即非菩薩。

還是老話，不過這老話很不同啊！這個話裡頭有骨頭。當《金剛經》開始的時候，佛對須菩提這個問題的答案是「善護念」，「應如是住」。這裡答覆的不同了，他告訴須菩提，一個準備開始學佛，想求大澈大悟而發阿耨多羅三藐三菩提心的人，「當生如是心」。「如是心」是什麼心呢？這就是佛家講的發願，立一個志向，發願就是立志。立志做什麼？「我應滅度一切眾生」，我要救世界上一切的眾生，那些在苦惱中的眾生我都要救，滅度他們。

什麼叫滅度呢？使他離苦得樂，進入涅槃。所謂涅槃的境界，就是離苦得樂，滅度就是這個意思。你不要看到滅度兩個字，以為是把他砍頭殺了，那還得了！滅度就是涅槃兩個字的翻譯，是形容辭，走入了寂滅、清淨的境界，是回頭是岸那個岸。這個境界也就是離一切苦，得究竟的樂。要想學佛，第一個動機，就是要有這個心。

其次，「滅度一切眾生已，而無有一眾生實滅度者」，事實上，你度了一切眾生，做了就做了，心裡頭並沒有說，我已經度了那麼多人了，如果有那種心理就錯了。前天有一位同學告訴我，他媽媽生了他們十六個弟兄。我說這個老太太真偉大；但是儘管老太太生了十六個，最後走的時候，實無一可生者，還是等於沒有生嘛！一個人來，還是一個人走，對不對？每一個人都是光光的來，光光的走。來的時候很不高興，一出來還大哭一場，走的時候自己來不及哭了，別人幫他哭。更妙的是小孩子生出來就是抓，握著拳頭抓，個個都想抓一把，抓了一輩子，抓到臨終沒辦法了，只好放手。普通一個人生就是這麼一個境界，做了一輩子的事業，生了一大堆的兒女，最後，實無一事可滅度者，一樣都帶不走。

佛說，由這個人生可以了解到，學佛的人發心度一切眾生，救了這個世界一切眾生，心中一概不留，認為是應該做的事，這就是菩薩道，是菩薩發心。如果今天幫了人家一點的忙，心裡還念念不忘，還希望人家恭維一下，那就完了；不要說學佛不行，作人都不行。所以說，學佛的人，要這樣發心。

「何以故」，什麼理由呢？佛告訴須菩提，一個學佛修菩薩道的人，只要有一點自認崇高，自我的偉大，自覺了不起的話，他已經著在我相、人相、眾生相、壽者相了。這樣的人，佛說，完了！「即非菩薩」，這個人夠不上是學佛的人，不是真正行菩薩道的人。中國文化也講大公無私，無我相、無人相、無眾生相、無壽者相；救盡天下蒼生，心中不留一念，這樣才是大公無私，才是菩薩，否則，佛說「即非菩薩」。

然燈佛所得什麼

所以者何。須菩提。實無有法。發阿耨多羅三藐三菩提心者。

「所以者何」這四個字，就是說什麼理由？他告訴須菩提，你們天天想悟道，明心見性，大澈大悟，我告訴你，沒有一法，沒有一個東西叫作道。大澈大悟就是悟到一個沒有東西，你覺得有一個法可學，有個道可得，你就錯了，你已經著了我相、人相、眾生相、壽者相，「即非菩薩」。所以禪宗六祖慧能大師悟道時候的偈子說：

菩提本無樹　明鏡亦非臺
本來無一物　何處惹塵埃

就是這個道理，沒有一法，可以使你發阿耨多羅三藐三菩提心。

須菩提。於意云何。如來於然燈佛所。有法得阿耨多羅三藐三菩提不。不也。世尊。

佛問須菩提：當年我在然燈佛那裡開悟的時候，你想一想，我真的得到一個東西嗎？阿耨多羅三藐三菩提有多大多小啊？這個阿耨多羅三藐三菩提是什麼東西嘛？他說，你想想，我得到一個東西嗎？須菩提說：「不也，世尊」，須菩提很懇切的回答，據我所知，你悟道的時候，了無所得。這是真正悟道。

如我解佛所說義。佛於然燈佛所。無有法得阿耨多羅三藐三菩提。

須菩提說，假使我的理解沒有錯的話，我跟你學了那麼久，了解佛所說佛法的道理，佛當時在然燈佛那裡，並沒有得到一個什麼東西，叫作什麼阿耨多羅三藐三菩提；並沒有得到一個叫作什麼大澈大悟的東西。所以須菩提答得很清楚。但是須菩提說我沒有證道，我的了解是這樣，不知對不對。

佛言。如是如是。

佛說，就是這樣，就是這樣。這樣究竟是怎樣？所以啊，真正你們要學禪宗，這就是話頭，「如是，如是」這一句，就是話頭，你參通了就對了。天天只要參「如是，如是」，不過也不要搞錯了，明朝末年，有一個名妓叫作柳如是，她姓柳，採用《金剛經》中的「如是」兩個字作名字。「如是」是佛說的，翻成白話文就是這樣，佛這是給你話頭參，參通了這樣就叫大澈大悟。

須菩提。實無有法。如來得阿耨多羅三藐三菩提。

佛說告訴你老實話，真正的佛法，並沒有個固定的東西，你如果得到一個固定的東西就錯了。實實在在沒有一個東西，身體都沒有了，連感覺都沒有了，所以五蘊皆空，連光也沒有，色相也沒有，一切都不可得，這個時候就是阿耨多羅三藐三菩提，大澈大悟。

須菩提。若有法如來得阿耨多羅三藐三菩提者。然燈佛即不與我授記。汝於來世。當得作佛。號釋迦牟尼。

他說假使佛法到了最高處，有法可得的話，當我悟道時，悟到有個東西可得的話，那麼，我那個老師然燈佛啊！當場就不會給我授記，說我將來會大澈大悟了。授記是佛教專有名辭，悟道的古佛，當弟子悟了道，他就在前面摸摸頂，所謂灌頂，說個預言，過多少年後，你在什麼世界成佛，打一個標記，這就是授記。

然燈佛為什麼授記

以實無有法。得阿耨多羅三藐三菩提。是故然燈佛。與我授記。作是言。汝於來世。當得作佛。號釋迦牟尼。

當釋迦牟尼在然燈佛那裡悟道的時候，實在沒有得到任何一個東西；所以然燈佛當時給他授記，你於將來的娑婆世界成佛，你的名號叫釋迦牟尼。我們經常說，不要以有所得之心，求無所得之果；大家來學佛，都抱一個有所得的心，求得一個無所得之果，那是基本錯誤。佛就說：當時我得一個無所得的境界，了不可得，所以然燈佛給我授記。好了，現在問題來了。

何以故。如來者。即諸法如義。

這是重點啊！大家學佛的千萬記住！我們學佛都是變成拜佛，佛也叫如來，天天磕頭求如來保護。為什麼中文翻譯成如來呢？中文翻譯得很妙，如來，好像來了，對不對？「如」是好像，如來，好像來了，但是根本就沒有來。如果說沒有來吧！我們看電視的時候，那個電視上的明星，是不是到你前面來了？事實上他沒有來，他是如來，好像來了。你打電話的時候，那個人是不是來到耳邊上？他沒有來，可是他是如來，好像來了。所以如來在哪裡？佛在哪裡？佛就在這裡。你不要另外去找了，你的心中，你的身心內外，隨時有佛；只要你自己能夠找到，你就見到了佛，也是見到了如來。

這裡怎麼註解？「如來者，即諸法如義」，這一句話最重要，學佛法千萬要記住。大家學佛的人，都帶有宗教性，佛在哪裡？佛在佛堂那裡；佛在哪裡？佛在廟裡，或者佛在西天，那就糟了。佛在哪裡？佛就在你那裡，「即諸法如義」。世間一切法，都是佛法，沒有哪一點法不是佛法，任何世間法，正如《中庸》所講：「夫婦之愚，可以與知焉」，就是如來；隨時隨地的任何一顆灰塵，清淨的地方，髒的地方，處處佛在現前，這就是如來，所以叫「諸法如義」。這一點特別要注意。

若有人言。如來得阿耨多羅三藐三菩提。須菩提。實無有法。佛得阿耨多羅三藐三菩提。

他說：假使有人說，佛在菩提樹下七天成道了，證得了阿耨多羅三藐三菩提。我告訴你，須菩提，真正開悟的那一天，佛並沒有得到一個什麼東西，所以叫大澈大悟，悟道了。

須菩提。如來所得阿耨多羅三藐三菩提。於是中無實無虛。

你們說，什麼都沒有得到，那何必學佛啊！我們本來也是什麼都沒有得到嘛！人家都說學佛學個空，大家自己都不用腦筋想，如果你用腦筋想，還要去學個空？我本來空的嘛！何必還跑到哪裡去找個空呢？對不對？如果說佛法是學有，那跑去學學還有點味道；去學空，學空還跑那麼遠的路，跑到山上，到廟子找，那個廟子又不空！學空又何必找！本來就空的。但是佛告訴你，不是學空的，也不是有的，「是中無實無虛」。無實就是空，無虛就是有，就是普通經典上講的，非空非有，即空即有，只不過，《金剛經》不用非空非有的字眼而已。

一切都是佛法

是故如來說一切法。皆是佛法。

「一切法皆是佛法」，任何法都是佛法。有些人學了佛以後，非常小氣，皈依佛，不拜邪魔外道。我有時候到鄉下去，看到土地廟，那個土地公是用泥巴捏的，我也很恭敬的行個禮。人家說你學佛的人，何必呢！我說我不管那一套，活著作好人，死後還作個土地公；我還不一定是好人，死後土地公還可能管到我呢！我先結個善緣不是蠻好嗎！你們學了佛，皈依三寶，就了不起了，你自己才是活寶呢！這是真話。

所以真正的佛法，對於世間出世間一切，都是恭敬的，這是佛的精神，他沒有看不起人，只是教你不要亂學。佛在經典上講，「一切賢聖皆以無為法而有差別」；這裡又告訴你，「一切法皆是佛法」，這可是佛說的啊！不是我說的。所以說，宗教分門戶，分派別，這一種胸襟就根本不能學佛。

我到了基督教堂一樣的很恭敬，基督總是個好人嘛！總叫人家去做好事，也叫歐洲人、美國人、白種人，都要做好事。好人嘛，排排座，請上坐，吃果果，給他磕個頭。基督年紀總比我們大多了，大了一千多年了！學佛的人第一個胸襟要大。所以學佛，第一要學作人，要學常開笑口，大度量的菩薩，就是肚子要大一點，包容萬象，什麼都是好的，都對；一切法皆是佛法，先學他胸襟大，面對任何人都是慈悲笑容，這個就是佛法。

須菩提。所言一切法者。即非一切法。是故名一切法。

什麼叫一切法？他又推翻了，一切法皆空嘛！我們剛才講，我們就是給他行個禮，行過了也空嘛！所以一切法即非一切法。這是一個觀念問題，觀念說有一個法就有了，觀念說空就空了。所以叫作「所言一切法者，即非一切法，是故名一切法」。

什麼都沒有的菩薩

須菩提。譬如人身長大。須菩提言。世尊。如來說人身長大。即為非大身。是名大身。

「須菩提，譬如人身長大」（註：長字是長短的長），他問須菩提，假定說有一個人好長好大，佛那麼一講，須菩提馬上就接話說：我懂了，你老人家講，一個人好長好大，實際上是形容啦！沒有看過一個人那麼長那麼大。佛一聽他的話，就再告訴他：

須菩提。菩薩亦如是。若作是言。我當滅度無量眾生。即不名菩薩。

對了，他說你答得對了，學佛的人也是這個樣子。假使一個學佛的人，跑來唸經，南無南無南無了半天，要你磕頭啊！要你謝他啊！他替你唸經了，度你了，這個人就不是菩薩了。你不要理他，因為他佛法沒有對。真正行菩薩道，度了眾生，幫助了人家，心裡頭都不會覺得度了人家。如果有度人的念頭，已經犯戒了，犯布施的戒，不應該有這種觀念。所以一個度盡天下眾生，救天下蒼生的人，心中沒有一念自私，沒有一點自我崇高。

何以故。須菩提。實無有法。名為菩薩。是故佛說一切法。無我無人無眾生無壽者。

真正的大菩薩，同佛一樣，並沒有得一個什麼東西，說他有個法寶，那是人世間的觀念，功利主義的思想。他為什麼成其為菩薩？因為他是空靈的、廣大的，一切都不著的，一切都不住的，所以叫作菩薩；真正的菩薩是無我、無人、無眾生、無壽者。

須菩提。若菩薩作是言。我當莊嚴佛土。是不名菩薩。

佛對須菩提講，假使有一個學佛的人說：我如果成了佛啊，我把我那個佛國天堂，佈置得比現在第一流觀光飯店還要好，阿彌陀佛那個觀光飯店也不過如此嘛！

佛經上說玻璃作地，恐怕還沒有大理石來得漂亮。佛經上說的那個七寶行樹，現在科學上佈置起來，比它那個地方還要漂亮。假定我成了佛啊，一定成一個國土，比阿彌陀佛的國土還要漂亮，跟阿彌陀佛來比一比看。

嘿！這個是菩薩心嗎？這不是菩薩，這是說每一個人成了佛，都有他的國土。所謂莊嚴國土，不是物質世界的莊嚴，是心莊嚴，心的善行，功德圓滿，心念清淨，才是真莊嚴。所以說，如果有一種莊嚴的心理，這個已經不是菩薩心了。

何以故。如來說莊嚴佛土者。即非莊嚴。是名莊嚴。

佛說的莊嚴佛土，那是個形容辭啊！你看我們的都市，現在科學進步，房子多麼的漂亮！可是等到有一天，你到了虛空的頂上，什麼都看不見的時候，你才發現那個空的才是真漂亮，真莊嚴，徹底的空，徹底的莊嚴。真正的莊嚴是了不可得，無一物可得，那才是真莊嚴；所以佛說「莊嚴佛土者，即非莊嚴，是名莊嚴」。

無我的菩薩

須菩提。若菩薩通達無我法者。如來說名真是菩薩。

這是學佛的第一步，也就是學佛的結論。先通達無我，怎麼樣無我呢？先要把身見丟掉，一般人學佛打坐，不能得定，就是因為身見的問題。有身體的感覺，有身體的觀念，再加上在身體裡玩弄氣脈，任督二脈，前轉後轉，丹田等等，那都是玩自己的鬼名堂，都是身見。所以白居易學佛有兩句詩：「飽暖飢寒何足道，此身長短是虛空」。

這個身體活著，痛快不痛快，是飽是餓，不值得一談；反正這個身體不論活久活短，最後都變成灰塵，什麼都沒有了。所以學佛的第一步，學到身見忘掉了，身見忘掉不是無我啊，只是無身見，要真正內在身心皆亡，達到無我才對，才可以得定。光是得定了，無我，還不算佛法的究竟，我見沒有了，只達到人無我的境界，人無我是小乘的果位。

但是，達到了人無我，還有一個法在啊！最後還要法無我，就是佛說的，阿耨多羅三藐三菩提。到了人無我，法無我，叫作人法二無我，到達了就成佛。最後連空也空，空也不存在。

這一品，再重複老問題，新的解答，須菩提問的老問題，釋迦牟尼佛在這一品中，作了新的解答，共有五個要點，大家要注意。我在這裡的偈子：

第十七品偈頌

摶空為塊塊非真　粉塊為空空亦塵
罔象玄珠蹤跡杳　故留色相幻人人

「摶空為塊塊非真」，過去講老莊的時候曾經講過，道家有一位譚峭講的話：「摶空為塊，見塊而不見空」，把虛空的地方，建築一個房子，虛空就看不見了，只看見房子，所以摶空為塊，把虛空變成一塊，見塊而不見空。「粉塊為空，見空而不見塊」，把物質的物體打破，變成虛空了，只看到空就看不到物質了。這個就是要我們怎麼樣除去身見。我們現在坐在這裡有身體，工夫做不好，不能入定，就是被這塊東西擋住的原故。所以我們引用這個道理而說明，「摶空為塊塊非真」，這一塊物質東西不是實在的。

「粉塊為空空亦塵」，把物質打掉了以後，這個空的境界對不對？如果你保留一個空的境界，這個空也變成了障礙，也變成業塵了。

「罔象玄珠蹤跡杳」，這是莊子的典故，就是說我們這個物質世界，大千世界，是本源的一個投影，第二重投影；也就是說，物質世界是精神世界一個投影而已。我們這個身心是投影裡頭的第三重的投影，第三重的反射，所以這個東西啊！罔象裡頭的玄珠，你要回到本來面目，明心見性，要在這個地方去了解它。

「故留色相幻人人」，但是你不要認為莊嚴世界是假的啊！立假即真，一切皆是虛妄，虛妄也就是真實。所以佛說，我法無實無虛，就是這個道理。

第十八品　一體同觀分

須菩提。於意云何。如來有肉眼不。如是。世尊。如來有肉眼。須菩提。於意云何。如來有天眼不。如是。世尊。如來有天眼。須菩提。於意云何。如來有慧眼不。如是。世尊。如來有慧眼。須菩提。於意云何。如來有法眼不。如是。世尊。如來有法眼。須菩提。於意云何。如來有佛眼不。如是。世尊。如來有佛眼。須菩提。於意云何。如恆河中所有沙。佛說是沙不。如是。世尊。如來說是沙。須菩提。於意云何。如一恆河中所有沙。有如是沙等恆河。是諸恆河所有沙數佛世界。如是寧為多不。甚多。世尊。佛告須菩提。爾所國土中。所有眾生。若干種心。如來悉知。何以故。如來說諸心。皆為非心。是名為心。所以者何。須菩提。過去心不可得。現在心不可得。未來心不可得。

眼者心之機

須菩提。於意云何。如來有肉眼不。如是。世尊。如來有肉眼。須菩提。於意云何。如來有天眼不。如是。世尊。如來有天眼。須菩提。於意云何。如來有慧眼不。如是。世尊。如來有慧眼。須菩提。於意云何。如來有法眼不。如是。世尊。如來有法眼。須菩提。於意云何。如來有佛眼不。如是。世尊。如來有佛眼。

這是佛學裡所說的五眼，五種眼睛的分類，文字都差不多。是佛先提出來問，「須菩提，於意云何」，你的意思怎麼樣？佛有沒有肉眼、天眼、慧眼、法眼、佛眼？

佛經的三藏十二部，就是把佛經作十二種分類，其中一種是「自說」，就是自己開始講，不是人家提出來問的。這一節就代表了十二分類的自說，是佛提出來的問題。

這裡沒有講「佛」，而講「如來」。如來這個名辭代表形而上的道體，一切眾生同於諸佛菩薩心性之體，就是生命的根源。他說這個裡頭有五種功能，所以叫作五眼。第一種是「肉眼」，就是與我們一樣的，是父母所生的肉眼，也就是現在我們的眼睛。肉眼能看物質世界，我們一切的感覺、知覺，都是經由眼睛而來。

這個肉眼跟心是連帶一起的，所以很多的經典，心與眼同論，在講到心的道理時，先提到眼。眼睛是心的一個開關，所以心與眼關係非常密切。道家的《陰符經》就說：「眼者心之機」，眼是心的開關，所以古人很多地方都提到心眼的關係，譬如孟子講到觀察人，特別要觀察眼睛。

任何人都有眼睛，但是每一雙眼睛所看的都不同。就我們人來講，譬如這個牆壁，我們大家看都是白的，實際上每個人感受白的程度、白的形象，完全不同。因為有人是散光，有些是近視，有些是一隻眼睛近視，一隻眼睛散光，有人色盲，各種各樣不同。所以一切眾生的心不同，眼也不同。

過去我們有句老話，人心不同各如其面，每個人思想不同，就像人的面孔不同一樣。世界上的人類，沒有面孔相同的，因此說明世界上的人，心裡想法也沒有相同的；眼睛的看法，也沒有盡相同的。不要以為這個白色黃色大家看起來都差不多，實際上差得很遠，老花與不老花，度數又不同，因為每人的業力不同。

所以我們這個肉體及頭腦思想健康與否，都因種性、業力不同而有差異。有人對氣候特別敏感，今天很熱，有些人不大怕熱，卻怕冷。因為每個人身體不同，健康不同，都是因為業力不同之故。所謂一切病由業而生，善有善業，惡有惡業，業由心造，都是絕對唯心的道理。

現在佛問，一個成了佛的人，有沒有普通的肉眼？那當然有，肉眼就是看物理世界這些現象的。

天眼是什麼

第二種是「天眼」，我們普通人幾乎是沒有的。天眼的能力是超乎物質世界，譬如說看到鬼魂，看到天神，甚至於看到其它的世界。現在人講的千里眼，是根據道家的傳說而翻譯的。天眼能夠看到欲界系統裡面的東西，包括太陽、月亮，其他星球等的人事；也可以看到銀河系統外面的東西，這是屬於真正的天眼。有些人打起坐來看到些影子啊，星光點點啊，認為是天眼，那個不是的，那個我們無法名之，只能叫作眼天吧！眼啊！天啊！不曉得什麼東西！（眾笑）

宗教裡形容天眼，是把塑的佛像多塑一隻眼睛，以代表天眼，也代表了慧眼。有些人和有些生物，不但有三隻眼睛，有的還有四隻眼。所以佛法裡有修天眼的，也有修十隻眼的方法，前面、後面、頭頂、心裡、喉嚨裡，都有眼睛。當然，這與普通眼睛不一樣，而是像攝影機、錄影機一樣，能夠照攝東西罷了！

「天眼」有兩種，一種是報得，是多生多世修持，修定，才有這一生的天眼業報，是與生俱來的，自然有這個能力，是善行的報應所得的結果。另一種是修得，是這一生修來的，因為修戒、定、慧的成就，這一生成就了天眼。

天眼不是多長出一隻眼睛來，是肉眼的本身，起了另一種功能。得天眼通的人，也與我們普通人一樣，但他自然會看到多重的世界。

修持做工夫的人，氣脈到了後腦，視覺神經受到刺激，眼睛裡經常出現許多幻象，那可不是天眼通！不要弄錯。真正有了天眼通的時候，則目光清澈如電，看得非常透徹；換句話說，物質東西不能障礙他，他的眼睛自然有透視的能力。

春秋戰國時候有一個醫生名叫扁鵲，據說他有一次碰到一個神仙，給他一個能透視的寶貝，他的眼睛就變得比X光還要厲害，可以看到人的五臟六腑，所以他的診斷就不會有錯。還有許多唐代以後的記載，有人的眼睛天生就會看風水，能看地下幾丈深，不需要探測器，地下的水脈，他看得很清楚。

像這一類的眼還不算是天眼，只能算是報通的鬼眼，所以真正的天眼，就是《法華經》上所說父母所生眼，必須修持定力到了，這雙肉眼就能夠看見十方世界一切東西。

肉眼是觀看物質世界通常的現象，天眼則能夠透視到肉眼所不能見到的世界；所以天眼是定力所生，是定中所得的神通力量。當人的生命功能充沛到極點時，可以穿過一切物理的障礙，就是所謂的神通。神通必須是定力夠了，所謂精、氣、神充沛了，才能做到。

慧眼　法眼　佛眼

再進一步是「慧眼」，慧眼也離不開肉眼，也是通過父母所生的肉眼而起作用的。所謂慧眼就是智眼，是戒、定、慧的功力顯現，因為修定而發慧。這不是普通的智慧，是慧變成了力量，成了慧力，才有這個慧眼。

智慧怎麼變成力量呢？我們普通聰明人，想一個道理想通了；譬如說抽煙對肺不好，應該戒，道理上通了，但習氣改不了，因為慧沒有力量。又譬如脾氣壞，貪、瞋、癡，道理上都曉得，就是扭轉不過來。儘管研究佛法，道理上講得很通，碰到事扭轉不過來，這是慧的力量不夠，也就是不能證果，不能成道的原因。

所以真正的慧眼，是智慧的力量夠了才能成的。

「法眼」又是什麼眼呢？慧眼觀空，而能夠真正認識自性空、空性的體，就是法眼。法眼觀一切眾生平等，非空非有。只落在空，還是小乘果的一邊，要能夠真正觀空裡的妙有才行。在凡夫的境界來說，是性空緣起；在悟道智慧境界裡來說，是真空起妙有，這是法眼的道理，是平等而觀。

第五種是「佛眼」，佛眼不只是平等，而是觀一切眾生只有慈悲，只有慈愛。慈悲是兩個觀念組合起來的佛學名辭，慈是父性，代表男性的愛，至善的愛；悲代表了母性至善的愛，慈悲是父母所共性的仁德。是至善，無條件，平等的，所以叫大慈大悲。佛眼看來，一切眾生皆值得憐憫，所以要布施眾生，要救度眾生，這也就是佛眼的慈悲平等。

真正學佛依法修持而有所成就者，本身一定具備了這五眼。如果說，世界上有人頓悟而成佛，立地就轉而具有這五種功能的話，那麼他所證的佛法，大致就是對的；如果在理論上認為自己悟了，而這個五眼功能沒有發起，那是自欺欺人之談。

所以我們曉得佛說的五眼，是戒定慧到了所成就的，是自然成就的法門。這也是每一個人本性所具有的功能，只是我們因為沒有經過修持，所以發不起來。假使經過修持，我們生命的本能中，自然就發起五眼的功能，這是第一層問題。

第二層問題，佛為什麼講到這裡，突然提起五眼的問題呢？他自己問，下面又沒有作結論，至少對於五眼這一段，他只提出來問題。接著又講別的去了，其中的道理在什麼地方？釋迦牟尼佛今天好像當眼科醫生一樣，把你的眼睛翻開檢查檢查，而且他是自動的，又不要你掛號，這是什麼道理呢？

這代表見處，所謂明心見性的見。真正達到了有所悟證，明心見性，這一見之下，真的現量境呈現，它自然具備了五眼的功能。所以見處即真，就是所謂明心見性之見。在這一品中，沒有把這個奧秘說出來，但是我們真研究佛法，看佛經的經典，這種地方不能放過去，它的問題就在這裡。接著佛又說了：

無量數的宇宙世界

須菩提。於意云何。如恆河中所有沙。佛說是沙不。如是。世尊。如來說是沙。

佛又提出來第二個問題，把眼睛檢查完了，又來檢查沙子。再問須菩提，像恆河裡頭所有的沙子，在佛的眼睛看來，是不是沙子？

我們假使先不看《金剛經》，照現在一般年輕研究佛學禪宗的人問起來，很多人一定說，佛眼看到這些不是沙啦！再不然，花啦，什麼啦，神里神經，這樣都是不老實。你看！須菩提答得很老實，當然看到的是沙子，難道佛的眼睛有什麼不同嗎？是沙子就是沙子，非常平實。你說佛看到人家哭了，而說笑了，那不叫作佛，那叫作神經！他看到哭就是哭，非常平實，所以這裡要注意！

你如果說，佛的眼睛看這個世界是空的，請問是誰說的？佛看到恆河裡的沙子就是沙子，看到這個世界，水泥就是水泥，牆壁就是牆壁，同我們一樣，沒有兩樣。要特別注意這種地方！不然學佛的人就流入一種毛病，叫作高推聖境。講好聽一點，把佛的境界推測得太高遠，假想得與人完全兩樣，那是不平實的。

高推聖境的結果，往往變成一種不正觀。不正觀就是不正的思惟，不正的思想，變成神經了。所以，《金剛經》是能斷金剛般若波羅蜜，把你一切的妄念都切斷了，真正的佛法，「平常」就是道。

所以佛問須菩提，佛眼看這個世界，恆河裡的沙子是不是沙呢？須菩提說當然是呀！佛的眼睛同我們的眼睛看的一樣，沙就是沙。如果你問佛怕熱否？假設佛在這裡的話，我們的答話是：佛在這裡一樣的怕熱，還是要我們開冷氣才可以，除非他是化身來。化身就是另外一件事，只要他肉身報身在，冷暖飢寒一樣的存在，一樣的感受。在這些地方要特別注意，所以聖人也都是人，佛也是眾生修成的。

講到這裡，使我想到一首詩，據我所知，這一首詩是一兩百年前，一位大陸的讀書人所作。這個人是到台灣訪神仙的，訪到宜蘭一個山上，就在崖上題了一首詩：

三十三天天重天　白雲裡面有神仙
神仙本是凡人做　只怕凡人心不堅

為什麼講到這一首詩呢？就是說，佛也是凡人修成的，所以他也是非常平凡的；佛看恆河裡的沙，一顆一顆的，看得很清楚。下面佛的第三個問題又來了。

須菩提。於意云何。如一恆河中所有沙。有如是沙等恆河。是諸恆河所有沙數佛世界。如是寧為多不。甚多。世尊。

佛問須菩提，你的意思如何？像我們印度這一條恆河裡的沙，你看數目多不多？假如每一顆沙子代表一個世界，如是沙，等，這個「等」字是單獨的一句；每一顆沙代表了一個世界，而每個世界裡像恆河沙那麼多的恆河，每一條恆河裡又有很多的沙子，而每一顆沙子又代表了一個世界，世界之多，多到不可限量，不可數說。用這個比方形容恆河有多少條，已經數不清它究竟有多少了。他說，你說這個數字多不多？須菩提說，當然很多囉！世尊。

佛在這裡是說明，虛空之中佛世界多得無數，釋迦牟尼佛同時表達一個觀念，站在這個娑婆世界，師道教化的立場上告訴我們，在他方世界，像他一樣智慧成就的佛，也一樣多得很。也就是說，十方三世，有不可數的無量諸佛。他不但把眾生看成平等，把成就的眾生也拉下來與大家一樣平等。一切平凡得很，並不是說只有我成佛了，了不起，你們都不能成佛，都要聽我的。沒有這回事，那不是佛法了，佛法一切眾生平等，一切諸佛也平等。每一個佛教化一個世界，虛空中有無量數的世界，也有無量數的佛，他說：「寧為多不？」這是他問的話。你說多不多呀？「甚多，世尊」，這一句是須菩提答話。這是佛對須菩提第三次的接引。

無數量的心

現在又一個問題來了，佛的眼睛代表了肉眼、天眼、慧眼、法眼、佛眼，因此他可以知道這個世界上，這個虛空中，有那麼多不同的世界。當然現在科學昌明了，由天文學到太空學的發展，已經可以相信宇宙中有數不清的世界。這些到今天為止，還只能說姑且相信它，因為月亮裡到底有沒有生命，還不敢確定。

現在對於了解宇宙太空容易多了，可是我們要知道，佛說這個話是兩千多年以前的事啊！他用什麼儀器，什麼方法，能夠知道宇宙中有這麼多的世界和眾生呢？這個，就是所謂如來具備五眼，具備了智慧、神通等等力量，具備了不可思議的功能，但又拉到了最平凡的水平，與眾生平等。他看到的世界，沙是沙，水是水，沒有什麼見山不是山，見水不是水，那是神經病！

當然，一個人被後面打一棍，那就迷迷糊糊，見人不是人，見鬼不是鬼了！那是不正常的人，一個正常的人，看什麼是什麼。

佛告須菩提。爾所國土中。所有眾生。若干種心。如來悉知。

這一節他又提出來好幾個問題，在文字上，沒有給我們作結論，但是你要自己曉得結論在哪裡。所以後來的禪宗提倡《金剛經》，也都是這個原因，因為《金剛經》裡許多都是話頭。話頭就是問題，看起來很容易懂，實際上都不懂。這也給我們一個很大的啟示，一眼看了以為自己都懂，結果統統不懂。我經常發現青年人這個毛病，某一本書你看過沒有？看過了。真的嗎？我當面再問問他，他就不懂了。

同時我發現作人也一樣，許多人把人生看得太容易，做了許多錯誤的事。世界上沒有一件簡單的事！這些都是話頭。你看我們現在隨便指出來，很多都是沒有結論的，要你自己去發掘，去參，這個也是話頭。但是他也有答案給你呀！這個答案不是理解的，不是思想的，是要你在定慧之中，真正修持上去體驗得到的。佛法不是虛玄的，而是一個修證的事實。

現在佛又提出來第四重問題，對須菩提說，「爾所國土中」，你所認為的國土中，國土不是世界啊！佛學的觀念，世界叫作世間；有所謂四世間、五世間等等的說法。國土在世間的觀念裡叫作國土世間，國土世間是四世間的器世間，就是物理世界，器世間的一切眾生都有生命。國土世間是指中國、美國、日本、印度等國的這些國土；我們世界上稱為國家的有一百多個，這就是國土世間。

現在佛問須菩提，你認為所有國土上的一切眾生，有多少種心？這是個大問題，現在心理學很發達，電腦也很發達，如果要把人類的心理統計一下共有多少種，恐怕電腦也辦不了。佛說這個世界上的所有眾生一切的心，「如來悉知」，他說我啊！統統知道。在這個地方，他給了一個答案，這個答案同上面這幾個有沒有關聯，他也沒有說明，只讓我們猜。而且他這個答案非常高明，可是我們幾千年來的佛法，都被他老人家這個答案，打得暈過去了，很多人都解釋錯誤了。現在我們看他自說自答。

你的心

何以故。如來說諸心。皆為非心。是名為心。

他說以佛的眼睛看來，所有眾生這些心啊，「皆為非心」。換句話說，佛在罵人，這些眾生的心都不是心，也沒有心，心到哪裡去了？心掉了，「非心」，根本不是心。既然不是心，佛大概又怕我們問他，那又是什麼？他趕快又說了：我的眼睛看你們啊！不是心，所以叫作心。他說世界上一切眾生的心我都知道，須菩提還來不及問，他就又說了：這一切的心啊，都不是心。他並沒有說這一切心不是人心啊！眾生的心還不只是人的心，包括狗啊，牛啊，螞蟻啊，小昆蟲這一切生命，都不是心，「皆為非心，是名為心」，所以叫它是心。

《金剛經》一開頭就講，我們一切眾生，有一個「我執」，認為這是我，有個我，把我的現象，執著得很厲害。認為我還有個心呢！把自己所有的妄念、意識分別、煩惱，一切不實在的這些觀念、往來思想，當成是真實的。人，一切眾生，犯了根本上的錯誤。我們一切的思想、心理、意識的變化，都是那個真正心所起的一種現象變化而已，不是真正的心。可是一切眾生把現象變化抓得很牢，看成是心。學佛的晚課上，每天都唸到，「是日已過，命亦隨減。如少水魚，斯有何樂」。今天已經過完了，這個壽命又少了一點，今天過去，今天不會再來，年輕的過去了，衰老也沒有多久的停留，所以非常的悲哀。

其實都被現象騙了，人生永遠不斷的有明天，何必看過去呢？明天不斷的來，真正的虛空是沒有窮盡的，它也沒有分段昨天、今天、明天，也沒有分成過去、現在、未來，永遠是這麼一個虛空。天黑又天亮，昨天、今天、明天是現象的變化，與這個虛空本身沒有關係。天亮了把黑暗蓋住，黑暗真的被光亮蓋住了嗎？天黑了又把光明蓋住，互相輪替，黑暗光明，光明黑暗，在變化中不增不減。所以一切的用是虛妄不實的，而虛空之體卻是不增不滅的，所以一切眾生，不要被變化不實的現象所騙。佛知道這個道理，但是眾生不知道，佛說「是名為心」，眾生自己都把虛妄不實的這個感受，執著的作用，當成了心。

永遠得不到的心

所以者何。須菩提。過去心不可得。現在心不可得。未來心不可得。

前面這一節的結論，是佛自己提出來心的問題，由眼見到心。他的結論一切都不是心，眾生一切的心都在變化中，像時間一樣，像物理世界一樣，永遠不會停留，永遠把握不住，永遠是過去的。所以「過去心不可得，現在心不可得，未來心不可得」，我們剛說一聲未來，它已經變成現在了，正說現在的時候，已經變成過去了。這個現象是不可得的，一切感覺、知覺，都是如此。可是一切眾生不了解這個道理，拚命想在一個不可得的三心，過去、現在、未來，把它停留住，想把它把握住。因此，在座許多學佛的同學們要特別注意，你要想打坐把心定住，那還是犯這個錯誤。

當你盤腿上座的時候，想定住的那一個心，跟著你的腿一盤已經跑掉了，哪裡可以保留啊！說我這一座坐得很清淨，哎呀！下座就沒有了。告訴你過去不可得，現在不可得，未來不可得嘛！誰要你保持清淨？清淨也不可得嘛！煩惱也不可得，不可得的也不可得。那怎麼得啊？不可得的當中就是這麼得，就是那麼平實。

一般人解釋《金剛經》，說般若是講空，因此不可得，就把它看得很悲觀。空，因為不可得，所以不是空，它非空，它不斷的來呀！所以佛說世界上一切都是有為法，有為法都不實在。但是有為法，體是無為，用是有為。所以我們想在有為法中，求無為之道，是背道而馳，因此這樣修持都是無用。並不是把有為法切斷以後，才能證道；有為法，本來都在無為中，所以無為之道，就在有為現象中觀察，觀察清楚才能見道。

有為法生生不已，所以有為不可限，生滅不可滅。如果認為把生滅心斷滅了就可以證道，那都是邪見，不是真正的佛法。所謂緣起性空，性空緣起的道理，就在這個地方。這是《金剛經》中心的中心，也是一切人要悟道中心的中心。這一點搞不清楚，往往把整個的佛法變成邪見，變成了斷見的空，就與唯物哲學的思想一樣，把空當成了沒有，那可不是佛法。

佛講過去心不可得，並沒有說過去心沒有了，佛沒有這樣講吧？對不對？佛說過去心不可得，「不可」是一種方法上的推斷，他並沒有說過去心不「能」得，現在心不「能」得，未來心不「能」得。這一字之差，差得很遠，可是我們後世研究佛學，把不可得觀念認為是不能得，真是大錯而特錯。所以啊，佛說過去心不可得，現在心不可得，未來心不可得，是叫你不要在這個現象界裡，去求無上阿耨多羅三藐三菩提，求無上的道心，因為現象三心都在變化。

高明的法師們、大師們，接引眾生往往用三心切斷的方法，使你了解初步的空性，把不可得的過去心去掉，把沒有來的未來心擋住，就在現在心，當下即是。「當下即是」又是一個什麼？可不是空啊！也不是有！你要認清楚才行，要先認清自己的心，才好修道。

第十八品是「一體同觀」，同觀是什麼？同觀是見道之見，明心見性之見。所謂了不可得，可也不是空啊！也非有，即空即有之間，就是那麼一個真現量，當你有的時候就是有，空的時候就是空，非常平實。你在感情上悲哀的時候就是悲哀，悲哀過了也是空，空了就是說這個現象不可得，並不是沒有，是悲哀過去了，後面一定來個歡喜。歡喜的時候也是不可得，也會過去，也是空。空不是沒有，空是一個方便的說法，一個名辭而已。不要把「空」當作佛法的究竟，這樣就落入悲觀，不但證不到小乘之果——空，那還是個邪見，也就是邊見。所以見惑、思惑不清楚，是不能證果的，也不能成道的。學佛法就有這樣的嚴謹，一定要注意。

現在有許多著作，我認為危險極了，那些佛法的著作，比殺人的毒藥還厲害，是有毒的思想，希望諸位要用真正的佛法眼光甄選，用智慧來辨別，不要走入邪見和錯誤的思想。這一品我們給它的偈子如下：

第十八品偈頌

形形色色不同觀　手眼分明一道看
宇宙浮漚心起滅　虛空無著為誰安

「形形色色不同觀」，形形色色，物理世界各種現象是不同的，如人有胖的、瘦的、高的、矮的、黑的、白的，都是現象差別，無法相同。

「手眼分明一道看」，但是以佛眼、慧眼、法眼看來，是一樣的。手眼是什麼？我們大家都看到過千手千眼觀世音菩薩，一千隻手，每一隻手中有一隻眼睛。我常說，我們坐在這裡，外面進來一個千手千眼的人，我們的電燈都沒用了，大概每一個人都嚇得把臉蒙起來。千手千眼是代表他的智慧，無所不照，也就是代表他具有各種接引人的教育法。幫助你的手，護持你的手，救助你的手，以及觀察清楚的眼睛，千千萬萬的手，千千萬萬的眼，也只有一隻手，只有一隻眼，平等平等。

「宇宙浮漚心起滅」，每一個宇宙，每一個世界，像大海裡的水泡一樣，所以宇宙不過是自性起的作用。每一個思想，每一個情緒，每一個感覺，都是自性的性海上所浮起的一個水泡，生滅變化不停，自心起滅。

「虛空無著為誰安」，一切法用之則有，不用即空，「應無所住而生其心」，本無所住。二祖來求達摩祖師，說此心不能安，請師父替我安心。達摩祖師說你拿心來，我給你安。二祖說，覓心了不可得，找心找不到啊！達摩祖師說那好了，替你安好了。其實用不著替他安嘛！「過去心不可得，現在心不可得，未來心不可得」，你還安個什麼啊？所以說，「虛空無著為誰安」。哪裡去安心呢？此心不需要安，處處都是蓮花世界，處處都可以安心。在平實中，處處都是淨土，處處都是安心的自宅，因為處處是虛空，無著無住。這一品的道理，精要就在此。

第十九品 法界通化分

須菩提。於意云何。若有人滿三千大千世界七寶。以用布施。是人以是因緣。得福多不。如是。世尊。此人以是因緣。得福甚多。須菩提。若福德有實。如來不說得福德多。以福德無故。如來說得福德多。

福德不可得

須菩提。於意云何。若有人滿三千大千世界七寶。以用布施。是人以是因緣。得福多不。

講到這裡，又另起一個問題。這個問題非常有趣，《金剛經》始終在這兩個問題裡頭轉，一個是當講到最高智慧成就的時候，馬上來一個最高潮，說要多大的福報。「福、智二嚴」是佛學的名辭，一個人要從凡夫成佛，必須有智慧的莊嚴，福德的莊嚴。有真正的福德，才能得真正的智慧。有時候，我們自己覺得很不聰明，讀書沒有記憶力，領悟力也不行，這是因為福德不夠。大家都是媽媽生的，為什麼我的腦筋不行？難道投胎的時候把倉庫裡發霉的腦筋帶來了嗎？其實功能都是一樣，只因為自己福德不夠，真正的福德，心理的健康，頭腦的健康，是要自己修持來的。

佛問須菩提，你認為如何？假使有人用金剛鑽啊，金銀啊，瑪瑙啊，這些世界上最寶貴的七寶去布施，拿充滿三千大千世界的七寶去布施，你認為這個行為所得的福報大不大？

如是。世尊。此人以是因緣。得福甚多。

這是須菩提的答話。他說是啊，佛啊，假使有人這樣來布施的話，那還得了啊！將來的福報大得很咧！

須菩提。若福德有實。如來不說得福德多。以福德無故。如來說得福德多。

佛說，你要知道，人世間認為的大福報，就是錢多，壽命長，兒女多，兒女好，樣樣都好，好得沒有再好了。可是，「過去心不可得，現在心不可得，未來心不可得」，都沒有用。所以說人生啊，都是理想，都想把明知道抓不住的現實世界拚命抓住。尤其是壽命，分明有生必有死，可是人人都想學仙學道，長生不死。福報是有窮盡的，每個人的光榮都是一下子，就像一支手電筒，每個人那個電筒都要亮一下，可是希望一輩子發亮是不可能的。世間的福報是不實在的，福德無實啊！所以佛說，世間的福德再多，也不過彈指之間的空花就過去了，「以福德無故」。

無人希罕的福

真正的福報是什麼呢？清淨無為。心中既無煩惱也無悲，無得也無失，沒有光榮也沒有侮辱，正反兩種都沒有，永遠是非常平靜的，這個是所謂上界的福報——清福。清福每個人都有，我們每一個人都有清閒的時候，可是一天到晚無事，閒在家裡，你閒不了啊！自己會掉眼淚，好像被社會上人忘掉了，又怕被人家看不起！沒有一個人遞一張名片來看我，都沒有人發個請帖來，也沒有人打個電話問候我，哎呀！我好悲哀啊……他有清福不會享！學佛的人要先能明瞭這一點。世界上一切人的心理，佛都知道，一切人都把不實在的東西當成實在，真的清淨來了，他也不會去享受。學佛證到了空性，自性的清淨無為，大智慧的成就，才算是真福報。真福報那麼難求嗎？非常容易！可是人到了有這個福報的時候，反而不要了，都是自找煩惱。

這一節為什麼插在這個地方呢？因為是指三心不可得來的，要了解到三心不可得這個境界很難，要想修證到這個境界，一定要有真正的福報才行。佛學的基本第一步，講到人生要修行則暇滿之身難得。開始時我們已經講過，暇滿之身就是健康、有閒，可是世界上的人有清閒不肯享受，有好身體，他要去消耗掉，而且真到了清閒暇滿，他自己反而悲哀起來。所以說，「顛倒眾生」，這也是沒有辦法的事。下面是我們給它的結論偈子：

第十九品偈頌

浮圖樓閣立中天　點滴功勳豈自然
倒卻剎竿回首望　繁華散盡夢如煙

「浮圖樓閣立中天」，浮圖是塔，造一個佛塔，七層的叫七級浮屠。中國人有一句話，救人一命，勝造七級浮屠。我們做了一件好事，救了別人一命，等於獨資蓋了一個廟一樣。事實上這話是佛說的，救人一命，勝造七級浮屠，這是有為功德。

「點滴功勳豈自然」，有為功德要慢慢一點一點做，今天做一點好事，每天做一點好事，累積起來，等於人獨資蓋一個廟子。蓋這個廟子也是一天一天把它蓋成功的。但是啊，「南朝四百八十寺，多少樓臺煙雨中」，到現在都沒有了。

「倒卻剎竿回首望，繁華散盡夢如煙」，梁武帝一生造了幾百個廟子，武則天一生又造了幾百個廟子，都沒有了。所以迦葉尊者有一天跟阿難講，怎麼樣能夠見道？把門口的剎竿先倒下來，就能夠見道。

我們每個人門面都有個自我貢高的剎竿，把這一念打掉以後，大福報就來了，就見到空性。人世間這一切的福報，甚至當皇帝的大福報，都是「繁華散盡夢如煙」，一切繁華，過眼雲煙就散了。散了以後，你說留一點影像好不好？一切是夢，連夢都沒有，夢都像煙一樣的過去了。所以佛說，「以福德無故」，他說真正得一個大福報，得到什麼？大福報是你證到了空性，悟道而成佛，這才是大福報、大成就。

但是要想悟道成佛的話，就要「諸惡莫作，眾善奉行」的一切福德，來培養這個智慧。智慧不是光靠讀書，或靠兩個腿子在那裡咬緊牙根熬得出來的！那個持戒修定，咬緊牙關熬腿子，不過是修福德，修有為福德的一種而已。無為福德，處處都是，而你自己智慧不能到達，修不成。所以學佛果然是真智慧，這個培養智慧的福德，又是一切善行的功德所完成的。

這一點千萬要注意！不要聽到佛法是智慧之學，然後嘛，好事不做一件，那就不是真的智慧；換句話說，如果有真的智慧，自然要做好事了，智慧與善法是不二而一的。

第二十品　離色離相分

須菩提。於意云何。佛可以具足色身見不。不也。世尊。如來不應以具足色身見。何以故。如來說具足色身。即非具足色身。是名具足色身。須菩提。於意云何。如來可以具足諸相見不。不也。世尊。如來不應以具足諸相見。何以故。如來說諸相具足。即非具足。是名諸相具足。

大丈夫相

須菩提。於意云何。佛可以具足色身見不。不也。世尊。如來不應以具足色身見。何以故。如來說具足色身。即非具足色身。是名具足色身。

《金剛經》的上半部，都是須菩提編出來的問題，及佛的答覆。到了下半部，佛自動的說了，怕他不懂，一步步的說。《金剛經》開始，佛吃飽了飯以後，想打坐、想休息，碰到須菩提不懂事，拚命問問題。他慈悲來了，乾脆不打坐，一點一點給你講吧！我們仔細看看，《金剛經》就是這樣一本書嘛！前面已經一層一層講過，三十二相都不是如來，「若見諸相非相，即見如來」。下面他又婆婆媽媽的，很慈悲的，就怕你不懂，再說的又是這個。

須菩提，你的意思怎麼樣？「佛可以具足色身見不」。你注意啊！這裡用「佛」，不用如來了。有些地方，他用如來如去的，有些地方他用佛呀佛的，每一個字都要注意，不然《金剛經》就白念了。

這裡的「佛」，代表佛的報身、肉身。佛的報身很漂亮啊！儘管餓了十二年，仍是很漂亮。佛是一個美男子，三十二相，八十種好，阿難就是因為看到佛那麼漂亮，才跟隨佛出家的；結果被佛罵了一頓，罵阿難出家是為了好色。佛就是「具足色身」，大丈夫相，與一切常人不同；不但有三十二相，還有隨之而來的八十種好，是普通人所沒有的特點，這個叫作「具足色身」。

當人成佛的時候，就要具備大丈夫相，佛經上很多地方讚歎大丈夫相之重要，等於佛經上很多地方說，女性要成佛的時候，必須先要轉男身，轉大丈夫相，才能成佛。但是有幾本大乘經典，佛都吃癟了，碰到河（月）上女，碰到結過婚的勝鬘夫人，而且生過孩子，但卻即身成佛。她們把佛當面說了一頓，佛說：如是如是，夫人啊，對的，沒有什麼分別相，女性也可立地成佛，也不需要轉男身。所以不要落在小乘知見上。現在這個《金剛經》，佛又把女性不能成佛的說法推翻了。佛可不可以具足色身見呢？你看到三十二相，那個相貌堂堂的，叫作佛嗎？須菩提說：「不也，世尊，如來不應以具足色身見」。

大家天天想見佛，如果你打坐看到佛來，那個絕對是魔，不是佛。佛吃飽了飯在那裡打坐，他不想來看你，只有你去看他差不多。所以，千萬不可以著相，你不要以有形的觀念來看佛。佛接著說：

「何以故，如來說具足色身，即非具足色身，是名具足色身」。這是真正告訴你佛法的奧秘。他說一個真正得道的人，佛經上講，一得了道，他就現出來大丈夫相，就有特別的相，這個叫作具足色身。色就是肉體的四大，地水火風，平常我是這樣告訴你們的，但是真正的道理是「即非具足色身」，不可以著相，有形有象都不是啊，因此叫作「具足色身」。

世上的肉身菩薩

什麼道理呢？得道的人，自然有一股道相，那個道相不是在這個形象上見的。譬如我經常告訴年輕的朋友們，當年在大陸的時候，看見過幾位有成就的老師，有成就的和尚。有個師父，人家都曉得他是肉身菩薩，有人叫他肉身羅漢；那個樣子難看到極點，兩個眼睛比銅鈴還要大，露光的，他還戴起近視眼鏡，怪里怪氣；鼻子有大蒜那麼大，兩個大眼睛，配了個大蒜鼻，嘴巴快彎到耳朵邊了，牙齒細得像玉米，小小的。反正啊，五官分析起來一無是處，可是長在他臉上，愈看愈可愛，愈看愈莊嚴。走路搖搖擺擺的，但是覺得很莊嚴。他的衣服幾十年也不換洗，一身都是蝨子，癢起來就那麼抓，有徒弟看到蝨子爬出來了，他還說不可以殺生，就是這麼一個怪人。

還有一個和尚，幾十年不洗澡、不洗臉、不洗腳的，他睡覺的地方有一個帳子，大概也幾十年沒有洗了，連眼洞都沒有了，只有灰塵。他睡覺也在裡頭，打坐也在裡頭。有一天我要離開了，向他告辭，他正在帳子裡打坐。他說：我也懶得出來送你，你過來我有話給你說。這下要我的命！非要把頭伸進他帳子裡去不可，我也是個有潔癖愛乾淨的人，可是師父之命，只好硬著頭皮把頭伸進去。結果發現這個帳子裡清香，是什麼花香，也講不出來，一股清香，頭伸進去就不想出來了，心裡有個感受，有道的人確實不同。

另外我當年在西藏看到一個活佛喇嘛，他喜歡喝我們漢人的茶，漢人賣到邊疆的茶，都是最粗的茶，加上牛油、酥油叫作酥油茶，一半油一半茶，喝慣了的很好喝，你們沒有喝慣的，一定第一口就吐掉了。他只有一個鉢盂，吃飯喝茶都是這一個，招待客人也是這一個，幾十年也不洗，其髒無比。有時候我們去看他，因為他有神通，他覺得與你有緣，看得起你，他就把自己喝的那個茶盂，給你喝一口。有些人是怕髒，有些人是恭敬，不敢喝。你怕髒也好，恭敬也好，他都知道。你恭敬的，叫你勉強喝一口，據說喝了這一口，消了好多的罪業。有些人怕髒，他就罵了，你的嘴也是肉做的，我的嘴也是肉做的，你為什麼不用我這個碗啊？這一類的人，仔細一看他，非常莊嚴，那個莊嚴不在鼻子上，不在眼睛上，五官上看不出來，他有一股道氣，也就是這個道理。

所以說，真正成佛的人，不應該以具足色身見；在他的身體上找他的道，那是找不到的。當然，一個得了道的人，氣質一定起了變化，肉身一定也起了變化，自有道氣，色相莊嚴。但是「即非具足色身」，你不要著相，這個肉體的身還是有生滅的，「是名具足色身」，所以叫作具足色身。這個具足色身，要注意，就是肉體之身。

須菩提，於意云何，如來可以具足諸相見不。不也。世尊。如來不應以具足諸相見。

第一個具足色身是實質的，肉體的這個身體叫作具足色身，所謂的報身。但是第二個問題來了，可不可以著相來看？譬如說，眼睛裡忽然看見佛站在你前面，這是相，現象。他問須菩提，可不可以著相呢？須菩提當然說不可以，這個問題，《金剛經》前面已經說過了，不應該落在宗教偶像的觀念，不應該以三十二相見如來。什麼理由？

何以故。如來說諸相具足。即非具足。是名諸相具足。

真正的佛，是見到法身，才是見到真正的佛。什麼是法身？了不可得，一切無相，法身無相，也沒有境界。如果你在一個境界上，就已經有所住，有所著，就不能明心見性。一切相皆空，才能明心見性，才能見到佛。我們這一節的結論如下：

第二十品偈頌

形象由來不是真　都依心色起閒因
可堪舉世癡狂客　偏向枯樁境裡尋

「形象由來不是真」，這個形象是一切虛妄偶然的存在，不是真的。但是物質世界與形象是哪裡來的呢？「都依心色起閒因」，唯心是道，心物一元，是心的力量生成了這個形象。「可堪舉世癡狂客」，佛法本來叫你不要著相，不要執著物質世界的東西，可憐這個世界上，這一班沒有智慧的凡夫眾生們，「偏向枯樁境裡尋」，偏偏都向那個枯了的樹樁裡頭去找。我們打起坐來，一念不起，等於是個枯樁，這個枯樁有個典故，就是雪竇禪師的一首詩：

一兔橫身當古路　蒼鷹一見便生擒
可憐獵犬無靈性　祇向枯椿境裡尋

一隻兔子橫躺在一條路上，打獵的時候，老鷹在空中一看，大路中間躺著一隻兔子，這個老鷹衝下來就把兔子叼走了。可憐獵犬無靈性，打獵的時候，那個獵狗靠鼻子聞，跑過來聞了半天，到處找兔子。「祇向枯椿境裡尋」，只好向枯樹根的空洞裡拚命找。雪竇禪師是禪宗的大師，罵世上這一班學禪宗的人，參公案啊，參話頭啊，都像這個獵犬一樣，「祇向枯椿境裡尋」。

如果是大智慧的人，會像那個老鷹一樣，空中一亮，就把兔子叼上去了，這個境界就空了。我們後面的獵狗勤快的拚命跑，轉啊轉啊，跑啊跑啊，就在那裡找這個境界，找一個空！

第二十一品 非說所說分

須菩提。汝勿謂如來作是念。我當有所說法。莫作是念。何以故。若人言如來有所說法。即為謗佛。不能解我所說故。須菩提。說法者。無法可說。是名說法。爾時慧命須菩提白佛言。世尊。頗有眾生。於未來世。聞說是法。生信心不。佛言。須菩提。彼非眾生。非不眾生。何以故。須菩提。眾生眾生者。如來說非眾生。是名眾生。

什麼都沒説

須菩提。汝勿謂如來作是念。我當有所說法。莫作是念。何以故。若人言如來有所說法。即為謗佛。不能解我所說故。

這是佛自己提出來的，就是自說自話，提出來告訴須菩提。他說你啊，千萬不要有這麼樣的一個觀念，什麼觀念？你不要認為佛在這個世界上說了法。實際上，他老人家三十一歲悟道後就開始說法，八十歲入涅槃，說了四五十年，他這裡都一概否認了。「莫作是念」，千萬不要有這個觀念，認為我說過佛法。「何以故」，什麼理由？假使有人說如來有所說法，真正說過某一種法，「即為謗佛」。

譬如說，佛叫我們念佛，叫我們修止觀，叫我們修戒、定、慧，所謂三十七道品，說般若、說法相、說唯識，都是他說的。現在他卻說，如果有人講我有說法，「即為謗佛」，就是毀謗他。這很奇怪了！他說這個人在毀謗佛法。什麼理由呢？「不能解我所說故」。因為這個人雖然學佛法，聽了佛法，但他不能理解我所說的佛法，他沒有懂，所以才說我有說法，這是錯誤的話。

我們先從教育來說，一個真正的教育家，會體會到佛說的這個道理，的確一句都不假的。一個教書教了幾十年的人啊，在我認為是受罪，是罪業深重才教書，那真是非常痛苦。這話怎麼講呢？假使有一百個人聽課，同樣一句話，這一百個人的反應和理解，統統不同。有時候甚至老師說是白的，結果很可能有五六個同學告訴你，老師說是灰的。所以從事教育多年的人，會感覺到教育是一件受罪的事，非常痛苦。另一方面講，一切眾生有一個最大的障礙，就是語言文字，因為語言文字不足以表達人的意識。所以，現在有一門新的學問叫語意學，專門研究這個問題。

譬如我們說，你吃飯沒有？這一句話隨便問人，會產生幾個結果，一種是覺得這個人非常關心自己，連有沒有吃飯，他都要知道，多關心我。另有一種人會覺得是在恥笑他，分明曉得今天沒有錢吃便當，偏要問我吃飯沒有，可恨！還有一種人會覺得這個人很滑頭，你看，故作關心狀，故作多情的樣子，很討厭。同樣一句話，四面八方反應不同。所以人與人之間意思的溝通，有如此之難。

有時候不說話反而容易懂，一說話反而生誤會。不但人是如此，世界上很多的生物，也不大會用語言的。魚跟魚兩個眼睛一看，彼此就懂了。蝙蝠在空中飛，兩個翅膀一感覺，就飛開了。人類的語言，除了嘴巴說話以外，身體皮膚都會講話；我們被人家靠近，就會感覺熱，就想躲開一點，皮膚會說話的原故。語意的道理就是如此，光憑說話是極容易誤解的；所以佛說，他說法的本意是要使一切眾生聽了不要著相，不要抓住他所說的不放。

悟道、成佛是證得阿耨多羅三藐三菩提，佛所說的法「如筏喻者」，等於一個過河的船，你過了河不必要把船揹在身上走。換句話說，如果過河不要你的船好不好？當然好！你會游泳就自己游過去，佛並不一定要你坐他的船過去。禪宗就有許多教育法，有時連船都不給你，要你自己設法過去，你只要有方法過了這個苦海就行了。

所以佛的說法，就是要我們懂得這個道理，殊不知大家學佛聽了他的法，自己沒有明心見性，沒有悟道，反而拚命抓住他所說的法，當成真實，真是拿著雞毛當令箭。所以他現在否認這個，因為這些人「不能解我所說故」，不能理解他所說法的意思。接著他陳述理由。

迦葉笑了

須菩提。說法者。無法可說。是名說法。

真正的佛法，佛用一句話說完了，就是不可思議。後世到了禪宗，講釋迦牟尼佛在靈山會上，有一天上座說法，學生徒弟們都等他講，等了半天他沒有說話，忽然抓起面前講臺上一朵花，那麼一轉，大家也不曉得他什麼意思，誰都不懂，只有他的大弟子迦葉尊者，破顏微笑，這是典籍的記述。這個「破」字形容得妙極了，大家等了半天，心情都很嚴肅，場面非常莊重，迦葉尊者忍不住了，一下子笑了出來。這一下被佛看到了，佛就說，「我有正法眼藏，涅槃妙心，實相無相，微妙法門，不立文字，教外別傳，付囑摩訶迦葉」，因為迦葉懂了，這是禪宗的開始。

我們可以想一想這個是什麼？佛拿一支花那麼看一下，到底是什麼意思？這正表示說法者無法可說，沒有一個固定的形態來表達。真正佛法到了最後是不可說不可說，不可思議；說出來都非第一義，都是第二義。無上妙法本來不可說，所以佛在菩提樹下悟道以後，馬上要入涅槃，就要走了。本來他也不想講什麼《金剛經》，什麼都不想講。根據經典的記載，那時帝釋天人都下來向他跪著請求，你老人家不能這樣搞啊！你多生多世發大願，說大澈大悟之後要度眾生，現在你大澈大悟證道了，你反而要走路，不管大家，這個不行啊！佛講了一句什麼話呢？《法華經》上有：「止止不須說，我法妙難思」，就說了這麼一句話。

這句話就是《金剛經》的含義了。他連續兩個字，止，止，就是說你停止，你停止，我證得的法，說了你們也不懂。「止」這個字，也告訴了你一念不生全體現。止，一切妄念不生，一切煩惱不起，萬法皆空，定在這裡，然後你可以懂佛法了。所以說，「止止不須說，我法妙難思」，一句話說完了，連《金剛經》都用不著講了。

實際上只有一個止字，就是此心難止，此心止不了。如果能止，一切戒、定、慧，六度萬行，就都從此而建立，從此而發生。所以所有的說法，都是方便；換句話說，佛經三藏十二部所說的也都是教育法。教育法只限於教育法，教育的目的是使你懂得那個東西，如果抓住老師的教育法當成學問，那就錯了。

關於老師教學生，禪宗大師有幾句話「見與師齊，減師半德。見過於師，方堪傳授」，如果徒弟的見解與老師一樣的話，「減師半德」，這個學生減掉老師一半了。假定老師八十歲，徒弟三十歲悟道，見解跟老師一樣，但卻差老師五十年工夫，所以說減師半德。「見過於師，方堪傳授」，學生見解超過了老師，才可以夠得上作徒弟，繼承衣鉢。許多大德祖師都感嘆找不到衣鉢傳人，就是這個原故，並不是戒律的問題。真悟了道的人，他要找的學生是超過自己的。佛說的法，也都是教授法，他說出來的法，是希望你悟道而成佛，見過於師的人，就不會抓住方便的說法，當成真實了，這一段就是這個意思。

下面接著轉了一個方向，大家注意！前面都是須菩提，須菩提，接著這裡加了幾個字。

須菩提與佛對答

爾時慧命須菩提白佛言。世尊。頗有眾生。於未來世。聞說是法。生信心不。

這裡對須菩提突然加了兩個字，稱為「慧命須菩提」，好像鳩摩羅什翻譯經典故意多寫兩個字一樣。其實佛也沒有說什麼法嘛！他只叫我們第一不要把肉身當成佛；第二，不要著相；第三他說他沒有說法。除了這三個要點外，他並沒有講一個什麼法門！可是，好像有一個人懂了，這個人就是我們的大師兄須菩提。懂了就是荷擔如來慧命，所以這裡稱「慧命須菩提」。說到般若空性，在佛的弟子中，須菩提屬第一位證得空性的人。今天我們大家在座學佛的人，一念之間證得了自性空，這個人就是得到了慧命，延續了慧命，所謂然燈也就是這一盞燈可以點下去，不會熄了，可以傳燈了。

慧命須菩提聽到這裡就懂了，佛法是不可說，不可說，沒有什麼東西可說的。因為他懂了，所以他擔心一件事。他說：佛啊！「頗有眾生」，他說將來的眾生，聽你那麼講，能生起信心嗎？

佛言。須菩提。彼非眾生。非不眾生。

嘿！佛答得更妙，根本不理他這個問題。什麼叫眾生？本來就沒有眾生。這個話很嚴肅了，後世一切眾生都被否定了。

「彼非眾生，非不眾生」，這是什麼話！照儒家顧亭林的解釋，就是兩個桶，一桶有水一桶空，倒過來倒過去就是那一桶水；是法者，即是非法，是名為法；色身者，即非色身，是名色身，都是這個話。

是啊！表面一看是不通嘛！須菩提一問，將來有些眾生聽你老人家這樣一講，會起信心嗎？佛並沒有說會不會起信心，只說什麼眾生啊？「佛言，須菩提，彼非眾生，非不眾生」，所謂眾生，根本就沒有眾生。

聽佛這麼說，我們趕快下課吧！大家也不要聽《金剛經》了，因為我們都不是眾生。

頑石點頭為什麼

不是眾生是什麼呢？個個是佛。一切眾生本來是佛，這是佛揭穿的方法。換句話說，你不要替大家擔心，個個都會成佛。這個道理，佛在《法華經》《涅槃經》上就講過。中國文學上有兩句話，「生公說法，頑石點頭」，就是與《涅槃經》有關的典故。

當南北朝的時候，一位叫道生的和尚，是年輕的法師，現在來講，就叫作才俊法師。佛涅槃時最後說的法《涅槃經》，當時才翻譯過來半部。這個翻了半部的經，中間提到一個問題，就是一闡提人能不能成佛。一闡提是罪大惡極，壞透了的人。他們不孝，殺父殺母，殺佛殺羅漢，壞事做盡，罪業深重，下無間地獄，就好像世間判處無期徒刑，永遠不得翻身。這些大惡性眾生能不能成佛呢？當時佛法還沒有完全過來，《涅槃經》只有半部，這位青年法師寫篇論文，認為一闡提人也能成佛，一切眾生最後都要成佛。

道生這個論點一出，全國的法師都要打死他，這還得了！佛都沒有敢這樣說過。當時這個道生年紀輕，文章好，學問好，最後大家看在出家人情面，算他不懂，把他趕到江南去了。那個時候佛法都在長江以北，道生被趕到江南，就到蘇州、金山這一帶，在山上住茅蓬，也沒人聽他講了，他只好對著一些石頭講。

有一天他又講到這個問題時，他仍說一切罪大惡極的眾生，最後還是能成佛，你們說對不對？這時那些石頭就搖起來了。這就是生公說法，頑石點頭的典故。

道生離開北方的時候曾說：我說的法絕對是合於佛法的，如果我說的法合於佛法，我死的時候坐師子座。後來《涅槃經》全部翻譯過來了，原來佛也是這樣說的，一切眾生皆會成佛。所以《金剛經》這裡，告訴慧命須菩提，所有眾生，即非眾生，不要看不起人啊！一切眾生都是佛。

眾生與佛

何以故。須菩提。眾生眾生者。如來說非眾生。是名眾生。

這個道理就說明，一切眾生生命的存在，都是幻有的，是幻相。三界六道和二十五有的眾生，都是因緣所生，是沒有固定的。法身的生命，在六道輪迴中遷流不息，也是根據自己的業果因緣而來的，所以說，一切眾生即非眾生。

它的本義是說明，一切眾生自性本來是佛，自己能夠反照而明心見性，就不叫作眾生了，個個都是佛了。剛剛提到，道生法師說的一闡提人，最後都要成佛，這個意義在《涅槃經》《法華經》中，也是這樣說的。釋迦牟尼佛是我們劫數中第四位佛，就是第四個梯次的佛，這個劫數叫賢劫，有千佛出世，最後成佛的是樓至佛，現在化身為韋馱菩薩的。因為他的願力，要護持賢劫裡一千個佛，待他們個個都成佛以後，他才最後成佛。這是佛教對於賢劫的一個說法。

換句話說，這個世界上的一切眾生，不僅是人，凡有生命有靈知的生物，都能夠成佛。一切眾生都是平等的。

要徹底的研究這個道理，就是法相唯識的道理，這個地方揭示出來見法，就是見地。人世間因為一切眾生有我見，所以就有人；有人就有我，就有是非；有是非，就有煩惱；有煩惱就有痛苦，如此等等一連串下來。我們雖有一個身體，但身體非我之所有，暫時歸我之所屬，這是因緣所生，四大假合而成，不究竟，總歸會幻滅的。

真正的這個自性是不生不滅的，這個自性是空性，空性必須無我才能達到。當你修證到一個無我的境界，就得到一個智慧，就是唯識中所講的平等性智。無我就無人，無人就無他，無眾生相，無煩惱，無一切等等。一切皆空，即無眾生之相。這個唯識是表詮，金剛般若法門是遮詮，說明這個道理。

對於這一段我們給它的偈語是：

第二十一品偈頌

為誰辛苦說菩提　倦臥空山日又西
遙指海東新月上　夜深忽聞遠雞啼

「為誰辛苦說菩提」，佛不是說了嗎？我沒有說過法，別的經典也曾經講過，我說法四十九年，沒有說過一個字。

佛法是不可說不可說，法身之體是不可說處。所以，他辛辛苦苦說這些菩提證道的法門，為誰而說？為眾生而說。等於唐人羅隱的兩句詩，「採得百花釀蜜後，為誰辛苦為誰甜」。

這一首詩是非常有名的，人生也本來如此，像蜜蜂一樣，把百花辛辛苦苦採來，釀成蜂蜜，結果呢？這個蜂蜜自己吃不到，為誰辛苦為誰甜，這是感嘆人生。那麼佛呢？他倒不是為這個辛苦，他為了度一切眾生，為使眾生個個見自性成佛而辛苦。可是本來無我，為誰辛苦呢？

「倦臥空山日又西」，所以後世佛的弟子們之中，許多高僧悟了道，永遠隱山高臥不出，不說一句。譬如天台宗的祖師慧思禪師，在南嶽悟道後，始終沒有下過山，人家勸他說，你這位大師悟道了，為什麼不下山度眾生？他獨住孤峰頂上，一個人都沒有去過，他說我何必下山度眾生呢？我獨坐孤峰頂上，已經一口吞盡諸方，一切眾生我度完了。

後來有人也提這個問題來問過我，我說他當然可以那麼講，慧思大師一輩子不下山，他卻有一個智者大師這樣的徒弟，號稱東方的小釋迦。這一個徒弟就夠了，用不著他出來，所以他可以說這樣的話。如果沒有這樣福報，這樣成就的人，也得不到像智者大師這樣的弟子的話，這個話就不能隨便講。但是，的確有人悟道以後，一生不說法而度人無數。

譬如我們曉得禪宗一位大師，畫上經常畫的布袋和尚，他的說法就是揹著一個布袋，人家問他佛法，他把布袋一放，就在你前面一站，什麼都不說，他看你懂了，他笑笑；你不懂，他把布袋一揹又走了。

據說布袋和尚就是彌勒佛的化身來的，他永遠揹個布袋。實際上他說得很清楚呀，人家問他，什麼是佛法？他把布袋一放，我們現在這個布袋還放不了呢！這個媽媽給我們的布袋永遠放不下來，所以他把布袋一放，叉手一站，這就是佛法。

他看看你不懂，布袋又揹起來走，你放不下就提起來走，都一樣，佛法就是那麼簡單，他沒有說一句話，這就是佛法了。那麼，不說法能不能度眾生呢？不見得不能，但眾生還是靠方便教授法來度的。

「遙指海東新月上」，後世的禪宗，把祖師悟道的故事編集為《指月錄》。佛在《楞嚴經》上說，一個人問月亮在哪裡？有人用手指向月亮，說月亮在這裡。但是，你光去看指頭，不看月亮，是沒有用的，指頭不是月亮。

佛說的法，不是這個指頭；我們大家學佛學了半天，都抓到指頭當月亮，都錯了。不過這個故事，說明眾生都是同樣的心理。

另一個是道家呂純陽的故事，也與指頭有關。呂純陽最後是由禪宗悟道，是黃龍禪師的弟子，所以呂純陽也變成佛教的大護法。他就有一句話，

「眾生易度人難度」，他說的「眾生」不是佛學這個眾生，是指人以外的生命。眾生容易度，人最難度，「寧度眾生不度人」。

有一天呂純陽到南京，化成一個很可憐苦惱的老頭子，到一個專門賣糍粑的老太婆那裡，天天去吃糍粑，吃了不給錢，吃了很久，這個老太婆也不問他要。他後來問這個老太太，為什麼不要錢？我看你這個老頭子沒有錢啊！呂純陽說：世界上沒有一個好人，只有你是個好人，你要不要成仙呀？老太婆說我不要成仙，我賣我的糍粑，很舒服。你要不要發財？我有一個法子傳給你可以點鐵成金。呂純陽說著就在她那個鐵鍋上一點，鐵鍋就變成黃金了。老太婆說：嗯！蠻有道理，我還是不要。

呂純陽心裡想，這個人真好，世界上只有這個人是好人。最後又問：老太太，你究竟要什麼呢？老太太說把你的指頭給我就好了。呂純陽只好搖搖頭說，眾生易度人難度，寧度眾生不度人。

佛經上有一個指月的公案，叫我們看月亮，不要看指頭，可是一般學佛的人，也同呂純陽碰到這位老太婆一樣，專抓指頭不看月亮。這就是第三句

「遙指海東新月上」。

「夜深忽聞遠雞啼」，不要灰心，遠遠聽到雞啼了，總歸有一個人會出來的，不要看長夜漫漫，總會有天亮的時候。

第二十二品 無法可得分

須菩提白佛言。世尊。佛得阿耨多羅三藐三菩提。為無所得耶。佛言。如是如是。須菩提。我於阿耨多羅三藐三菩提。乃至無有少法可得。是名阿耨多羅三藐三菩提。

一指禪

須菩提白佛言。世尊。佛得阿耨多羅三藐三菩提。為無所得耶。佛言。如是如是。

在二十一品中，佛說無法可說，這一品更嚴重了，是「無法可得」。須菩提說，請問你老人家，當年大澈大悟證到阿耨多羅三藐三菩提，你老人家那個境界，沒有得到一個東西嗎？「佛言，如是如是」，是這樣，是這樣。這樣又是哪樣呢？就是話頭了，要你去參！就像是禪宗那個一指禪一樣。

唐代的一位禪師，他是金華山的俱胝和尚，我們要修道就要學學他，他始終沒有出來參學過。有一天，他要出來參學，夜裡虛空中一個聲音告訴他：你不要出去，有肉身菩薩親自來給你說法。肉身菩薩就是活著的人，像我們普通人一樣的肉身，可是他是菩薩再來身。第二天天龍和尚來看他，他就問天龍什麼是佛法？天龍和尚是大禪師，手一指，俱胝就大澈大悟了。所以俱胝和尚悟道一點都不吃力，他得的是一指禪。以後他說法，什麼是佛法？手指一比，你懂得也是這個，不懂得也是這個，第二句話也不說；很多人因他這麼一指也悟道了。

有一天他出門去了，他的徒弟小沙彌，跟他好多年，看到人家跟師父磕頭啊，頂禮啊，求佛法啊，師父總是手一指，這個。師父出門這一天，有人來找師父問佛法，小沙彌說，我師父那個佛法，我也知道。那個居士就跪下來，小師父，那請你告訴我。小沙彌也手一指，這個！那個人也悟道了。小沙彌很高興，原來師父的佛法就是這個樣子。等到俱胝和尚回來，小和尚向他報告，今天來個居士，我接引他悟道了，就說了經過。師父哦了一聲就進去了，轉身又出來了，對小沙彌說，你再說一遍怎麼接引人？那小和尚就把手一指說，這個。師父等他指頭一伸出來，一刀把他指頭砍斷了，流血不止，小和尚又痛又哎唷，悟道了。指頭砍斷了一節，就是這個。所以，「如是如是」，就是禪宗的這個。這個究竟是哪個，就要自己參了。

《金剛經》有五六種的翻譯，反覆研究，還是鳩摩羅什翻譯得最高妙。後來玄奘法師重新翻譯過，道理是更清楚，但是佛法的意義卻模糊了。鳩摩羅什的翻譯，許多地方都是禪宗講話，如珠之走盤，不著邊際，不落一點。所以後世的禪宗採用《金剛經》，可以悟道，就是這個道理。

須菩提。我於阿耨多羅三藐三菩提。乃至無有少法可得。是名阿耨多羅三藐三菩提。

他告訴須菩提：我告訴你，當時我在菩提樹下得阿耨多羅三藐三菩提的時候，你以為得到一個什麼菩提嗎？了不可得。也就是六祖後來悟的，「本來無一物，何處惹塵埃」，了不可得。如果有一點少法可得，就還有一點空，有一點光明，有一點境界；看到一點圓陀陀，光爍爍的，都不是了，都著相了。「無有少法可得」，這個叫作阿耨多羅三藐三菩提，無上正等正覺。

這一節很簡單，就叫「無法可得」。我們給它偈語的結論：

第二十二品偈頌

多年行腳覓歸途　入室知為道路愚
檢點舊時新衣鉢　了無一物可提扶

「多年行腳覓歸途」，很多人從年輕學佛、修道、出家，多年行腳到處參訪，覓歸途，都是找一個歸家之路，都想找到生命的根源。

「入室知為道路愚」，真正悟道的時候，你才了解道路愚，被道路騙了，被方法騙了。八萬四千法門都瞞了你，前面說過，禪宗有位祖師，跟過很多法師學種種法，修了一輩子，最後悟道了，告訴那些老師說：「我眼本明，因師故瞎」。我兩個眼睛本來亮的，是老師你把我弄瞎了。

東學西學，結果把自己眼睛弄瞎了。不是真的眼睛弄瞎了，道理看不清楚了。所以入室方知道路愚，都被方法騙了。

「檢點舊時新衣鉢」，真正悟了道的人，我還是我，一切皆空，了無所得。這個衣鉢還是舊的衣鉢，不過是好多年前你自己把它包起來找不到了，現在你把它拿出來，這個東西還是舊時的那個東西。

「了無一物可提扶」，本來無一物，沒有一個境界可得的，這就是無法可得。

這五六節，佛都是叫我們不要著相，不要執著一切法。現在雖然叫你不要執著一切法，但是有一個法要執啊！就是善法。所以下一品梁昭明太子給它的標題是：「淨心行善」。

第二十三品　淨心行善分

復次。須菩提。是法平等。無有高下。是名阿耨多羅三藐三菩提。以無我無人無眾生無壽者。修一切善法。即得阿耨多羅三藐三菩提。須菩提。所言善法者。如來說即非善法。是名善法。

修一切善法

復次。須菩提。是法平等。無有高下。是名阿耨多羅三藐三菩提。以無我無人無眾生無壽者。修一切善法。即得阿耨多羅三藐三菩提。

用白話文的說法，「復次」就是其次的問題，或者另一個問題。前面他什麼都否定了，佛也不是，有相的也不是，有色的也不是，有法可得的也不是，一切否定。這裡卻告訴你，要想成佛就要「修一切善法」，諸惡莫作，眾善奉行，非有善法的成就不可。不是看幾本佛書，談談禪，說說公案，盤個腿，打個坐就可以成佛。造了一輩子的業，跑到廟子去盤個腿，吃兩天素，就要得菩提，那個菩提多少錢一個啊！有那麼簡單嗎？許多青年人都犯了這個毛病，看了幾本禪學的書，青蛙跳進水，噗咚一聲就開悟了，那麼容易嗎？你去買一個田雞來跳跳看吧！所以要「修一切善法，即得阿耨多羅三藐三菩提」。

日行一善我們都做不到，檢查自己的行為，我們日行一惡則有之，誰能做到日行一善？不修一切善法，你說到達無相，那是騙騙自己罷了。佛告訴須菩提，「是法平等」，真正的佛法是平等，「無有高下」，八萬四千法門，念佛也好，修密宗也好，參禪也好，修止觀也好，甚至於說修旁門左道也好，以華嚴境界看來，都能成就。真正的佛法是平等，無有高下的。佛在前面也說過，「一切賢聖皆以無為法而有差別」，也就是說沒有差別。

南山高北山低

後世禪宗有個公案，說有個法師講《金剛經》，碰到一個禪師，這位禪師就問一個問題：既然是法平等，無有高下，為什麼南山那麼高，北山那麼低？這位講經的法師沒辦法了。是啊！經上說的，是法平等，無有高下，為什麼南山那麼高？北山那麼低？萬法是有高下，怎麼說沒有高下？所以說這又是一個話頭。

我們曉得平等性智，那是要到達第八地成就，才能證到的。第六識空，是證得妙觀察智；第七識我執空了以後，才證得平等性智，一切眾生人我就平等了。我們之所以覺得有煩惱，有人我，有眾生，是因人我分別而來；把我相，我見一空以後，平等性智出來，再看一切眾生都是一律平等，這個叫阿耨多羅三藐三菩提嗎？但是要修一切的善，才能證得空，「修一切善法，即得阿耨多羅三藐三菩提」。

須菩提。所言善法者。如來說即非善法。是名善法。

如果說有所為，為了求佛果，為了求自己的福報及功德而修一切善法，這是人天果報，凡夫的修法，凡夫的為善。真正的善法是為菩提道果的行善，雖行善而不著行善之念。「所言善法者，如來說即非善法」，不要求福德之念，這個才是真正的善法，這是加以註解。下面是這一品的偈語：

第二十三品偈頌

鏡花水月夢中塵　無著方知塵亦珍
畫出牡丹終是幻　若無根土後何春

「鏡花水月夢中塵」，就是說世間一切都是虛幻的，如鏡中花，水中月，夢中塵等。佛經經常用這種譬喻，說人生一切萬有的現象，如鏡中的花朵，你不要認為沒有花啊！有花，只是抓不住摸不著；水裡的月亮也不是沒有啊！有的，水裡不會自己出月亮，後面有一個真月亮。鏡裡的花也是一樣，後面有一個真花。夢中的境界固然不實在，但是沒有你，還不會做夢呢！因為有我們的身心，才能做夢，但是夢中的一切只是影像。所以大家研究佛學，要注意這一點，鏡花水月並不是說絕對的沒有，只是告訴你是虛幻的，不實在的，是偶然暫時的存在而已。這個暫時存在的有，是把握不住的，不常的。

「無著方知塵亦珍」，了解了這個鏡中花，水中月，夢中塵的道理，才了解了空與有之間，「是法平等，無有高下」。空也是佛法，有也是佛法。《金剛經》上佛告訴我們修法的要點是，無住，不執著。不要認為因為不執著所以空；抓住一個空啊，空已經變成一個東西了，空還是塵。真正的無著，連空都無著，因為空不著，所以敢到入世中去，在入世中修行。眾生不敢入世，怕「有」把他沾住，真到了無著，方知塵亦珍，才敢入世，因為有也是的嘛！

古人有一句話：牡丹雖好，還須綠葉扶持。學佛修道，打坐念佛，一念萬緣放下，蠻好！但是，如果你不修一切善行的話，沒有這個福報，你想放下也放不了！有許多朋友說，現在退休了，年紀大了，我準備明天開始修行。結果明天，家裡又有事了，或者自己又感冒了。嘿！你不要認為放下容易，放下、清淨，要大福德大福報的啊！

「畫出牡丹終是幻」，牡丹雖好，還須綠葉扶持，修一切善法，才能修阿耨多羅三藐三菩提。

「若無根土復何春」，牡丹是代表富貴之花，但是牡丹還須綠葉來陪襯，也需要根，牡丹沒有根，花也開不了的。換句話說，我們學佛的根本是什麼？一切宗教都是一樣，都是：「諸惡莫作，眾善奉行」，這是第一個起步。如果不修一切的善法，光想求開悟，那就是青蛙跳井了，噗通！那不是悟啦，那個是自誤，聰明反被聰明誤。

第二十四品　福智無比分

須菩提。若三千大千世界中。所有諸須彌山王。如是等七寶聚。有人持用布施。若人以此般若波羅蜜經。乃至四句偈等。受持讀誦。為他人說。於前福德。百分不及一。百千萬億分。乃至算數譬喻。所不能及。

現在連接上一次的第二十三品，等於是中間的一個結論。這個題目當時取的是「福智無比」，就是福報與智慧，這兩個是等稱，平等的清福。就是說要證得菩提，要成佛，就需要這兩樣本錢，佛學的名辭就是資糧，是資本與糧食兩個觀念，也稱為福德資糧、智慧資糧。

現在這一品，再三重複的提出來這個觀念。這同一問題，為什麼又重新出現在這裡呢？因為上一品講到，「修一切善法，即得阿耨多羅三藐三菩提」。就是說，要想悟道，不是隨便打個坐，研究個公案，拜拜菩薩，或者是搞一些外形所能成功的；必須要「諸惡莫作，眾善奉行」才行。諸惡莫作是消極的，眾善奉行是積極的，要積極的「修一切善法」，才能到達開悟，證得大澈大悟的境界。

廿三品最後，還以法身實相般若本體來解說，所謂一切善法，即非一切善法，是名一切善法，簡單的說，你做了一切善事而不執著，執著了就是凡夫的事，不執著才是菩薩道。利人、救世，修一切善行，並沒有特殊之處，是作一個人義所當為的事，是本份的事。

現在第二十四品佛自己作結論：

修資糧

須菩提。若三千大千世界中。所有諸須彌山王。如是等七寶聚。有人持用布施。

他告訴須菩提說，我們這個世界上，這個娑婆世界的南贍部洲，中間有一個須彌山，勉強用喜馬拉雅山比作須彌山；究竟喜馬拉雅山是不是須彌山，老實講到現在還是一個嚴重的問題，不能夠貿然斷定。把佛經上說的須彌山解釋為喜馬拉雅山，是近幾十年研究佛學的假設肯定，這個假設的肯定很有問題，不能隨便相信。

打一個比喻來說，這個世界上有一個最大的山，稱它為須彌山，其它三千大千世界，都有一個中心的大山，所以有很多的須彌山。「如是等七寶聚」，這個「等」不要認為是把七寶布施了，把須彌山也布施了；須彌山布施給人沒有用，房子裡裝不下，這個「等」是比喻，等於須彌山那麼大的財富，七寶、珍珠、鑽石，集起來布施，這是一個比喻。

若人以此般若波羅蜜經。乃至四句偈等。受持讀誦。為他人說。於前福德。百分不及一。百千萬億分。乃至算數譬喻。所不能及。

拿那麼多的東西來布施，當然這個人的福報很大。在前面第十三品已經講過，這裡又重複強調法施的重要。一般人信仰宗教，都是功利的思想，功利的目的。人真要希望功利，花小本錢能得大利益，首先必須行一切善。現在說這個人很行善，拿須彌山那麼多的七寶布施了，縱然不求福德，福報自然也很大，這是一定的，這個問題就不要說了。

現在他拿這個比喻來強調，他說假定有一個人，「以此般若波羅蜜經」，「此」是專指《金剛般若波羅蜜經》，因為般若波羅蜜的經典很多，《大般若波羅蜜經》，就是《大般若經》，另外還有仁王護國般若波羅蜜，這種波羅蜜，那種波羅蜜，走的路線不同，都是講智慧成就。現在本經上講「此」，是專指《金剛般若波羅蜜經》。假使有人以這本經的道理，不論是全部的意義，或者只有四句偈等等，「受持讀誦，為他人說」，那個福報比須彌山一樣多的七寶布施，可就大得太多了。

受持讀誦

這裡我們再度提起大家注意，「受持讀誦」有四個含義。接受了，光是接受了不算數，還要領受在心，在自己心理行為中起作用，更要心有所得。

我們大家學佛研究《金剛經》，如果懂了這個空，平常碰到事情的時候，有沒有領受於心？你說現在你還蠻舒服的，有點領受，那是沒有碰到事啊！一碰到事，像被人打一耳光，罵你一句；或者把你的錢倒了；或者現在就要到醫院開刀了，下一個鐘頭活不活還不知道。這個時候看你空不空！如果說空得了，那是真金剛了，你真能夠受用了。

「受」還不行，必須能「持」，以此來修持。「持」者，等於拿一個拐棍，拿個手杖，永遠靠著它走路，牢牢抓住，這個境界才不會動搖。就算現在去開刀，說不定麻醉回不來了，但此心這個定境仍保持著，這就是「受持」。「讀」是看書，或輕聲讀過去；「誦」是要唸出來，高聲朗誦。現在年輕人只是看書，看書卻不容易背得來。我們舊式的教育，是要背書的，背是沒有用腦筋的，唱戲一樣，等於進到阿賴耶識，不要用腦筋，隨時就背來了。所以《金剛經》讀了還要朗誦，有所體會，就是「受持讀誦」，四個含義。

真教化的功德

他說假使有人，不要說全部《金剛經》，只要把四句偈能「受持讀誦」，懂了這個道理，教人家，使人家解脫煩惱。教人家並不是要自己當老師，高人一等，只是教人家得到受用，使人家能夠解脫煩惱。如果做到這樣，那麼這個人所修的福德，比前面所說用須彌山王那麼多的財富布施，更大。前面那個布施是財布施，是有形的，比不上這個法布施，佛學就叫作法布施。中國文化的觀點，這就是教育的功勞，教化人家。教化就是法布施，解決人家心裡的痛苦，成就人家自己的人生。

他說這個法布施的功德，比有形財富的功德，更大更多，兩者是不能相比的。以有形財富來布施，跟智慧布施比較起來，百分之一都不到，百千萬億分也不到。總而言之，不能比就是不能比，怎麼說呢？如果我們那麼一講，聽起來不能比就是不能比，很土，很粗，就不像經典了；經典翻譯得非常美，「乃至算數譬喻，所不能及」，用算數都算不清。換句話說，拿現在誇張一點的話來講，電腦也算不清，數字是沒有辦法計算的。真到達不可算的數字是什麼？是譬喻那個東西很大。就像我們經常說天一樣的大，這是譬喻，你說那個天有多大啊？佛經上經常作譬喻，恆河沙那麼多，恆河沙有多少啊？誰都不知道。這既說它的多，也說它的大，是譬喻的數目字。換句話說，當世界上最大的數目字沒有辦法以數字代表的時候，只好拿譬喻來作代表。

這一段很容易懂，就是說文化、教育力量的重要，佛法教育的力量和它所培養的功德，遠超過物質布施的功德；因為那是幫助一切眾生的精神生命，所以簡稱為慧命。慧命就是智慧壽命的觀念，屬於慧命教育，所以它的功德特別大。這一節的內容就是說明智慧的成就，以及智慧及自度的重要，我們給它的偈語如下：

第二十四品偈頌

富嫌千口猶伶仃　貧恨身存似纯刑
何事莊生齊物了　一聲青磬萬緣醒

「富嫌千口猶伶仃」，禪宗祖師有句話：「富嫌千口少，貧恨一身多」。說一個有錢的家庭，有一百個兒子，每個兒子都有十來個兒子、傭人，所以全家有一千個丁口。因為財富太大，又養那麼多人，感覺人還是不夠用。一個人窮到極點，如果連一碗陽春麵都吃不起的時候，真恨這個身體活著是多餘！這兩個是很強烈的對比。富嫌千口少，貧恨一身多。就拿這兩句話作比方，「富嫌千口猶伶仃」，也是這個意思，富貴人家千口的家庭，自己還認為人口太少了，很寂寞。

「貧恨身存似絏刑」，窮的時候，覺得這個身體活著是受刑，很痛苦。在這個貧富之間，我們可以看到，福報大就是富貴功名，錢多地位高；但是天天都叫你忙，天天都叫你累，想睡五分鐘都很困難，沒有經過這個環境的，不知道這個味道。也許有人會說，情願少睡五分鐘過過那個味道的癮；但是如果嚐夠了這種味道的人，再也不想回頭去試了，每天不是為自己活著，不願意笑的時候也要笑，那個味道真難受啊！可是世界上的人，認為這個是福報，這是世間的福報，真是多福多壽多難受！

相反的，窮的人在山裡住著，有一位禪師一個人住在茅蓬裡，有人問他覺得怎麼樣？他說：「去年貧，猶有立錐之地」，還有站腳的地方；「今年貧，連錐也無」，連站腳的地方都沒有了，你看窮成什麼樣子！這是形容窮嗎？不是的，他是形容自己真正到達了空。換句話說，去年空還有個空的境界，今年空，連空境界都沒有了。

空沒有了，你說是什麼東西？真是徹底的空了，就是形容這個。所以我們說，真覺得自己形體存在是受刑、受罪，因為有個東西(身體)在那裡。但是貧跟富是代表沒有福報的人及有福報的人，兩種人生活的現象是相對的兩頭。好看與不好看，漂亮與不漂亮，胖與瘦，長與短，都是相對的兩頭。世間法都是相對的，有好看就有不好看，有窮的時候就有富的時候。窮人的富是什麼呢？本來一塊錢都沒有，突然有了五十塊，那比有錢人突然中了馬票幾十萬的港幣還舒服！所以窮富是對比。有福報，沒有福報，都是對比，這是生滅的兩個現象，不究竟。

「何事莊生齊物了」，莊子的〈齊物論〉，拿本體來看，一切都是平等，有錢有財富，最後也要死。窮的人最後也要死，死的味道都是一樣，誰都是一樣。一切萬有皆是齊物，大家坐在這裡，白的、黑的、胖的、瘦的、男的、女的，每個人不平等，但有一件事情很平等，今天夜裡四點鐘到六點鐘，大家都沉睡了，沉睡中，那個糊里糊塗的境界很平等。有智慧也是那麼糊里糊塗，沒有智慧也是那麼糊里糊塗。有錢的也是那麼糊里糊塗睡著，沒有錢的也是那麼糊里糊塗睡著，這個是平等的。拿這個作比方來說，在本體上一切都是平等，這就是齊物。

萬物是不齊的，不平等，有高低，五個指頭都不齊的，但是它變成一隻手的時候，統統是齊的，它就是一隻手。手跟腳也不平等，等到沒有手腳時，也沒有我了，也就齊了，就平等了，這是莊子的〈齊物論〉。我們了解了這個道理，福報也就無所謂大與不大。

「一聲青磬萬緣醒」，真正的福報是什麼福報呢？清福，人間的清福。當我們真正煩惱痛苦到極點，當我們一切的痛苦煩惱沒辦法解決的時候，跑到深山古廟，偶然聽到一聲「叮」，青磬一響，被它敲醒了，萬念皆空。那個時候啊，什麼都沒有，那真是大夢初醒，這個是大福報。所以《金剛經》告訴我們，所有的福報，都不如了解《金剛經》般若的解脫真義。般若解脫真義，就是我們給它的一句結論，「一聲青磬萬緣醒」，這個時候是真福報。

中國的文學為什麼把木魚叫紅魚呢？因為廟子上的木魚多半漆成紅顏色，磬放久了，顏色都變成青銅色，所以叫作青磬，紅魚青磬，紅跟青是文學上的形容辭。

第二十五品　化無所化分

須菩提。於意云何。汝等勿謂如來作是念。我當度眾生。須菩提。莫作是念。何以故。實無有眾生如來度者。若有眾生如來度者。如來即有我人眾生壽者。須菩提。如來說有我者。即非有我。而凡夫之人。以為有我。須菩提。凡夫者。如來說即非凡夫。是名凡夫。

有教無類

《金剛經》快要作整部的結論了，「化無所化」，什麼叫「化」？在唐以前，多半的佛經用這個「化」字。唐宋以後用「度人」。度也好，化也好，反正度也度不了，化也很難化。到元明時代，乾脆兩個字合起來，叫作度化。這個度化，實際上就是教育，化也就是感化人、變化人。

須菩提。於意云何。汝等勿謂如來作是念。我當度眾生。

這也是佛自己講，告訴須菩提，你認為怎麼樣？「汝等勿謂」，你們千萬不要講佛說過這個話，說過什麼話呢？「我當度眾生」，認為佛說過，要度一切眾生。

你看佛是很妙的，你仔細把這本經研究，佛的一生許多事情，在這本經裡統統否認完了。說法四十九年，他在《金剛經》裡卻說沒有說過一句話！這是他講的啊！這本經擺在我們面前。他本來發願要度眾生，現在又否認了，嘿！你不要搞錯了，你們不要那麼想啊！他說，你們千萬不要那麼想，認為我要度一切眾生。這是文字的解釋。

須菩提。莫作是念。何以故。實無有眾生如來度者。若有眾生如來度者。如來即有我人眾生壽者。

「須菩提，莫作是念」，千萬不可以有這個觀念，上面已經講了，下面還要很肯定的重複，「莫作是念」，千萬不要有這種想法。好了，我們現在記住他的話，你不要磕頭說佛啊，你來度我。他老人家不承認，他現在很忙，在那裡入涅槃，你也莫作是念，不要這樣想。什麼理由呢？「實無有眾生如來度者」。這個話嚴重了，剛才我們還用笑話的辦法來說，佛一切否認了，下面進一步告訴我們理由，聽得我們都有一點五里霧中了。什麼理由啊？世界上實實在在沒有一個眾生需要佛來度的。你注意啊！沒有一個人需要佛來度的，這是佛自己說的。

「若有眾生如來度者，如來即有我人眾生壽者」，拿禪宗裡的話說，這叫作一個棺材兩個死漢，一個說你是被我度的，一個說我需要佛來度。大禪師們會說，這兩個都是沒有悟道的。佛也講嘛！第一，我沒有度過一個人，你不要有這個觀念。什麼理由呢？世界上沒有一個眾生需要佛來度的，這個文字擺在這裡，對不對？我們自己研究。還有，佛說如果有人因我度他而成了佛，這個佛就不是佛了，而是個非常普通的人，因為這個佛已經是有我相、人相、眾生相、壽者相的人了。

所以，我經常告訴大家，不要什麼頂禮啦！磕頭啦！好麻煩。我一生最怕這個事，碰到人家合掌，我現在都有點馬上出汗，很麻煩，還要答禮，乾脆像現在人眼睛一瞪，注目禮，很好嘛！意思到了就行了。如果說磕個頭，認為我是老師，該受這一拜的話，十八層地獄都不夠。不過不要緊，據說現在地獄裡頭還有地下室，那就該要下地獄的地下室去了。一個人如果自覺有道，足以為人師，如果有這一念的存在，他再有道也不值錢了。真正足以為人之師，真正足以度人，他必定已經證到空的境界了，怎麼還會有自我崇高的觀念呢？絕對不會！因為他自己已經沒有這個觀念了，而是一切眾生，人我平等。

所以佛說，佛如果有這樣一個觀念，也就不叫作佛了，如果他處處著相，覺得我是佛，我是老師，你們統統是我的子民，你們都是我的信徒，那他就絕對不是佛了。

說到「信徒」這個名辭，是很難聽的，佛教裡從來沒有這個名辭，只有信眾。用個「徒」字，那只能夠牧師用。牧師翻譯的「牧」字，就是指趕牛的、趕羊的、趕人的，看這一些子民都是他下面的徒眾。徒眾都在下面，佛法不可以這樣。

曾經聽到佛教界有人用「徒眾」這兩個字，聽得我一個頭八個大，連信眾這種說法，都算是很嚴重的了。過去大陸隨便哪一個廟子，對信眾都是稱居士的。我在峨嵋山時，老和尚看到猴子出來，就說猴居士出來了；蛇來了，蛇居士來了。從沒有說猴眾、猴徒、蛇徒，沒有這樣說的。老和尚的聲音使人一聽肅然起敬，看一切眾生平等，猴居士、蛇居士，這個是佛法的精神。佛法如果還有統治性，那怎麼會是佛的精神呢？希望修正修正，不要犯這個錯誤。

佛現在講，假定他有一個觀念，認為眾生是受他的教化而得道的，這些人是他的徒弟，應該對他如此如彼的恭敬……假如他有這樣觀念的話，完了！「即有我人眾生壽者」，那不算成佛！

好，佛啊！我們了解啦！你老人家謙虛，不承認自己在度人，實際上我們是你度的。你謙虛，那是你的嘛！我恭敬我的，各走各的路，沒有錯。但是有一個問題沒有解決，你說世界上沒有一個眾生需要佛來度的，這是個問題啊！不過，這個大問題，佛在下面解答了。

自己的解脫

須菩提。如來說有我者。即非有我。而凡夫之人。以為有我。須菩提。凡夫者。如來說即非凡夫。是名凡夫。

他說，所謂人，有眾生就有人，真正的佛法教我們一件事，八萬四千法門只教我們一件事，就是如何證到自己真正無我，那就成功了。這很簡單，修行只修行一件事，修到真正的無我。既然無我了，我當然不需要佛度呀，我本來就是佛嘛！佛有這個度人之相，佛就著了人相、我相。我如果真正能夠悟道，就是無我，就沒有被你可度之處。

所以，佛說的沒有錯，沒有一個眾生需要我度。再徹底的講，佛說了八萬四千法門，把他老人家修道、證道的法門，統統告訴我們了，依照這個樣子去做，你一樣可以成佛。他沒有辦法幫你成佛，要自性自度，他沒有辦法替你修啊！修要自己修，修成功自度了，是你自修自度，自性自度。所以佛說的是老實話，他說沒有一個眾生是需要我度的！我也不能度呀！必須他自己有信心，自修自度，自性自度。

所以他的話，一點都沒有錯。不過他表達的方法是語出驚人，每一句話說出來都很難解；其實道理很簡單，人人都要自求解脫，自性自度，自我得救，誰都救不了你。

求上天的保佑，菩薩保佑，保佑不了的，不要迷信啦！只有自助天助，自求多福。你要想菩薩保佑，你要先保佑自己，怎麼保佑自己呢？行一切善法，那麼自助就天助了，佛菩薩與你中間的電線、電波就接得上了。你一天到晚去殺人放火，然後說，菩薩保佑我，你自己也知道那是不可能的。所以佛告訴我們，沒有一個眾生他可以度的，眾生都是自性自度。他說，什麼叫作我呢？一切眾生本來無我，這是佛法；佛法三藏十二部經典，總歸起來就是告訴我們這句話。本來無我啊！我們就是做不到，做到了個個成佛。

佛又說，「如來說有我者，即非有我，而凡夫之人，以為有我」，凡夫就是一般人，是佛經翻譯的名辭，現在我們一聽到凡夫，好像在罵人。如果我們隨便對朋友說，你是凡夫，他肚子裡頭一定不高興，你好看不起我！一般人，你告訴他無我，他就害怕，因為人都要貪著「我」。究竟哪個是我呢？佛經告訴我們，人體是三十六樣東西湊攏來，沒有一樣東西是「我」的。

拿現在來講更嚴重了，人體上許多的細胞都是我，每一個細胞都不是我，你說我在哪裡？身體上沒有我，死了以後，我到哪裡去了？說靈魂是我，你看到靈魂了嗎？一聲青磬萬緣醒，就是這個境界。這一聲敲了以後，無我，本來就是什麼都無我，沒有一樣是我。這個無我的境界，佛只好分析給「我」聽，所以我們學禪啊，打坐啊，求證一個什麼東西呢？就是求證到一個無我，就成佛了。結果大家打起坐來在裡頭嘀咕，都在玩「我」，不然就玩呼吸，來呀，去呀，好像在那裡數錢！一二三四，又數息又觀。第一口呼吸早就跑掉了，你後面數到一千，一口呼吸也留不住呀！在那裡幹什麼呢？所以都在玩「我」，作不到無我，不能證得佛法！

無我以後

佛剛才提出一個問題，凡夫之人，以為真有一個我的存在，等到肉體死亡了，抓不住了，還要抓個靈魂。其實那個靈魂也是自己意識境界偶然的存在，還不是真的我，還不是這個。但是凡夫之人，總歸要抓一個有相的我，都抓錯了。真做到四大相皆空，就是人我眾生壽者皆空的時候，可以找到生命本來的自我了。那個自我是假稱的，叫他自我也不對，叫他是佛也不對，叫他菩提也不對，各種名稱都不對。

現在講到這個地方，佛又加以解說，他提出來：

須菩提。凡夫者。如來說即非凡夫。是名凡夫。

為什麼他要加這個尾巴呢？因為他說了一個尾巴怕大家又抓住它。我們也看到過很多學佛的，他也不敢承認自己是聖人，那你就當凡夫好了，他肚子裡又不服氣，不肯作凡夫。所以一般學佛學道的人很可憐，在聖人凡夫之間，就像公園裡小孩子玩鞦韆，盪過來盪過去，永遠下不了臺，掛在空中甩。

佛告訴我們，所謂凡夫者，本來是個假名，沒有真正什麼凡夫，假名叫作凡夫而已。換句話說，嚴重的講，一切眾生都是佛，只是眾生找不到自己的本性；找到了就不是凡夫，個個是佛，眾生平等。所以後世禪宗經典，心、佛、眾生，三無差別。心即是佛，悟道了，此心即是佛；沒有悟道，佛也是凡夫，心、佛、眾生，三無差別，三樣平等。

那麼這一品說完了嗎？沒有完！還有個重大的問題在裡頭，我們現在再回過頭來看這一品開頭的話。

「須菩提，於意云何？汝等勿謂如來作是念，我當度眾生。」重點在這個「我」字上，佛說：我，沒有度眾生。文字是那麼解釋，佛為什麼那麼講呢？全篇的意思告訴我們，人，悟到了真正的無我，修持證到了真正的無我，就是佛了。這個佛，無我，自然無眾生，無壽者，這就是佛境界。所以做到了無我就是佛境界，一切凡夫都有我相、人相、眾生相、壽者相，接著一切觀念的執著，都是因為有我而來，那麼真正無我就是佛境界。

但是，無我以後叫什麼呢？注意啊！一般研究佛學的人，聽到無我，下意識給它下一個註解，空的。佛沒有這樣說，他只說無我而已，這個空的是你加的。如果真能把凡夫境界有我的觀念統統放棄了，所謂放下，放下放到無可放處，找到生命本來，勉強才可以叫那個是我們生命的真我，那就是佛境界。但是在本經上，佛不說出一個真我的名字，那麼你就要看全部的佛經了。全部佛經，總歸起來三藏十二部，實際上有些真的，有些假的。所謂假的並不是什麼假的，是後來佛弟子們自己修持到了，所寫的經典，假託也是佛說的，這很有可能。這些籠統的算進去，佛經大概有五千多部。

過去有些人唸經，為自己唸，為父母唸，要唸一藏經，一藏經就是五千卷。大藏經佛的這一部分是五千卷。後世弟子們作的論，乃至佛經的註解，未算在內，如果統統把它算在內，連後世的也都加進去，現在一共有一萬三四千卷了，越來越多。

佛說法四十九年，這麼多的經典中，他的幾個要點是，世間一切無常，都靠不住，都要變去，都不屬於我的。人世間一切皆苦，沒有究竟的快樂，沒有究竟的幸福。一切皆空，一切都無法把握，都要變去了，變去了都抓不住，抓不住的那個情況，那個境界，定個名辭叫作空，所以無常、苦、空、無我，本來無我，所有的佛都是這樣說的。

佛在世的時候，許多佛的弟子們，依他所教示的方法修持，都證到了無我的境界，脫離了苦、空、無我的束縛。但是也因此之故，都落於偏空之果，這是我們後世佛學給它加上的，就是偏向於消極的空。

佛到了八十歲，他老人家要請假走路了，請長假了，懶得再教了，快涅槃了，這個時候，他告訴我們相反的四個字，常、樂、我、淨，與他平常所講的完全相反。最後他又告訴我們，真做到了無我相、無人相、無眾生相、無壽者相，修持到一切放下了，連空也空了，空到了最徹底，找到了生命的本源，這個生命的本源永恆不變。

但是這不是像人世間有個不變的東西一樣，那樣了解又錯了，那是屬於真常唯心論，屬於外道的說法。佛說的這個常，是對無常而言，《金剛經》後面就給我們解釋了。樂，不是苦的，得道的人離苦了；一般認為得了道的人，一天到晚都是快樂，那會把你樂死的。譬如我們頭痛，當然很難過了，但是痛個六七天也痛不死，你說頭不痛了，我的頭好快樂啊！快樂得不得了！真這樣快樂的話，這個人不到三天一定發了瘋。苦樂是相對的現象，著了相就會發瘋。所以什麼是樂？無苦即是樂，清淨之樂。清淨沒有境界，所以這個樂不是世間看的樂，是常樂。這個時候是真正的我了，不生不滅，這是不生不滅之我，並沒有像我們現在世俗的觀念，有個我相的存在，所以這個我是乾乾淨淨的。

所謂淨土，沒有一個淨的境界，你說我們的地下很乾淨呀！這不算淨，你說虛空很乾淨，虛空才不乾淨呢！物理科學家都知道虛空裡有很多東西。真正的虛空是看不見的，那個是無善亦無惡，無苦亦無樂，那是真正的樂，那個是佛境界。

本篇所講「化無所化」，是這樣一個道理，我們了解了這樣一個道理，給它作一個結論偈語：

第二十五品偈頌

同為物化到娑婆　憂樂無端且放歌
鐘鼓歇時魔舞散　悠然一曲定風波

「同為物化到娑婆」，我們一切眾生都是物化，這個世界叫娑婆世界；老莊的觀念，宇宙是一個大化學爐，我們是其中的化學物質而已。草木、螞蟻、螻蟲，都是宇宙大鍋爐裡所化的一點點，所以叫作物化。中國固有的文化，人死了叫作物化了，就是物質變化了。這個身體生命死了而變化，骨頭變成灰呀，肉變成水呀，質能互變，它的能量還是存在的，不過形象變化而已，所以叫作物化。一切眾生都到這個娑婆世界來，都在物化，都在唱戲。

「憂樂無端且放歌」，可是大家忘記了自己是在唱戲，而且更不會自己欣賞，自導自演，結果唱啊唱啊，自己還真掉起眼淚來了。唱到高興的時候，自己把肚子笑痛了，被自己騙了，騙了幾十年。一切憂愁煩惱，一切的痛苦、快樂，都是莫名其妙的事。「無端」，沒有理由，你看通了這個道理就要逍遙一點，愛跳舞就跳舞，愛唱歌就唱歌，就是解脫了人世間的一切。廟子上打鐘打鼓敲引磬、唸經，我們在這個十一樓唸《金剛經》，清清淨淨，隔幾條街有人家還在那裡跳舞蹦擦蹦擦呢！他們同我們也差不多，各有各的境界。我們鐘鼓打完了，他們的歌舞也打烊了，最後大家都回去進入那個黑洞洞的地方去。

「鐘鼓歇時魔舞散」，最後清淨與不清淨，善與惡都了不可得。

「悠然一曲定風波」，你懂得一切了不可得，一切不著相就到家了。

〈定風波〉本來是古代一首歌曲的名稱，現在我們不講這個歌曲的本身，借這個歌曲的名稱來說明這個意義。一切風波穩定，鐘鼓也不敲，魔舞也不跳，歌舞皆散。

第二十六品　法身非相分

須菩提。於意云何。可以三十二相觀如來不。須菩提言。如是如是。以三十二相觀如來。佛言。須菩提。若以三十二相觀如來者。轉輪聖王。即是如來。須菩提白佛言。世尊。如我解佛所說義。不應以三十二相觀如來。爾時世尊。而說偈言。若以色見我。以音聲求我。是人行邪道。不能見如來。

見佛與觀佛

須菩提。於意云何。可以三十二相觀如來不。須菩提言。如是如是。以三十二相觀如來。

《金剛經》的重點中心來了，這裡佛又提這一個問題，這個問題佛已經提出來好幾次了。須菩提被佛這麼一搞，又昏起頭來了，我們如果把佛經當作佛的教育法研究，你看這一位大老師大教授，他當時的教育法真夠厲害，須菩提明明答對，佛又東教西教，須菩提失去自信，答案也錯了。他本來答錯的，佛東教西教，他的答案又變對了，此所謂佛的弟子都叫聲聞眾，跟著佛的聲音受佛的教化。禪宗罵人的話，鼻子被人牽著走，罵人罵得很巧妙，禪宗祖師都有罵人的藝術，他並沒有罵你笨，他只是罵你鼻子牽在人家手裡，只有牛才會被人牽著鼻子，其笨如牛的意思。

你看佛的教授法多有意思啊！前面佛也問過須菩提，如來可以實相見不？須菩提言：不也，世尊，不是的啊，不可以拿形象來見啊。須菩提不是講過嗎？正講到好的時候，佛又問須菩提，「於意云何？可以三十二相觀如來不」，能不能用三十二相來觀佛啊？注意這個「觀」字！「須菩提言，如是如是」，是這樣，是這樣。佛本來成了佛，有三十二種相好，所以三十二相來看如來是對的呀！

佛言。須菩提。若以三十二相觀如來者。轉輪聖王。即是如來。

佛大概在鼻孔裡「哼」了一下，佛經不好意思記錄出來。你真是糊塗，假使用三十二相來看佛的話，這些轉輪王，這些帝王們，就是佛了。你看須菩提，好可憐啊！被佛搞昏了頭，馬上轉彎立刻就說，佛啊，我講錯了。

須菩提白佛言。世尊。如我解佛所說義。不應以三十二相觀如來。

那我懂了，我剛才講錯了，如果照我理解你的意思，不應該以三十二相來看佛。你看，這個須菩提好慘，把這個《金剛經》讀通了很有意思，越看越有意思，而且這個文章的寫法，越寫越妙，所以我們把很好的文學，拿木魚一敲，把自己敲昏了頭。

聲色與邪道

爾時世尊。而說偈言。

須菩提話剛說完，佛就岔進來說很重要的話：

若以色見我。以音聲求我。是人行邪道。不能見如來。

這比那一顆廣島的原子彈還厲害，崩咚就炸下來，所以這個裡頭要加那個「爾時」，把握時機，曉得須菩提快要悟道了，就把他東搞一下西搞一下。等於拿個香板晃，這裡晃一下，那裡晃一下，把他晃頭昏了，站住！就是這個！須菩提悟道了。不過他沒有講須菩提悟道了，講出來就不叫《金剛經》了。

現在我們來研究這四句話，一般人學佛都以色見佛，就是「以色見我」。佛代表自己的我，也代表我們的我，兩重意義。一般人學佛都想見到佛在前面，用觀想法門的，拜佛的，都有人抱怨沒有見到佛。佛不現前呀！如果真有的話，第一你神經已經有問題了，第二血壓已經很高了，心臟也出問題，那是幻相，佛哪裡可以以色相見呢？《心經》大家都會唸，色即是空，空即是色，真有色相出現，那就是魔，不是佛了。佛在很多經典上都告訴你，不能著這個相，所以以色見佛是錯了。

還有些人是「以音聲求我」，打起坐來唸咒子，五千塊錢傳你一個咒子。但據我統計起來，大概有一千四百多個咒子，如果一個咒子賣五千塊錢的話，我相當有錢了。咒子唸一唸說，哎唷，得定了，然後有些人唸久了以後說：哎唷！我另外聽到一個聲音了。勸你趕快去看醫生吧！佛經告訴你，不能「以音聲求我」，因為音聲是耳根的幻化，屬於意識境界，是下意識的幻化，是最糟糕的事，人體裡頭本來就有音聲。

你要聽人體的音聲很簡單，用手把你的耳朵蒙起來就聽見了嘛！兩邊都蒙起來，心臟裡頭的血液咚咚的流行，再配合下意識作用，裡頭也聽到唸咒子嗡啊嗡啊，吽啊吽啊，啊啊啊啊，就唸出來了嘛！這都是幻覺，一般人不懂，以為音聲是有道，是另外一個音聲在唸佛，都著相了，不得了。所以佛說，有人到了聲色這種境界，認為是學佛有進步得道了，佛說那「是人行邪道」，這個人走的邪路，著魔了，「不能見如來」，永遠不能見真正的佛境界。何況一天到晚去研究靈魂啊，還說為了研究才去看鬼，唸唸咒子就跳起來。好好一個人，為什麼要去發抖？人真是奇怪。佛現在明白的告訴你，聲色兩樣都不是。

但是要注意啊！這是拿佛境界來講，如拿「我」境界來講，很多人都是「以色見我」，打坐坐得好的，忽然自己看到自己，坐在那裡頭歪歪的，都看得見。另外，好像「我」出來了，看到自己身體坐在這裡，許多人就認為自己可以出陰神了，千萬注意啊！「若以色見我」，這個身體本來已經是個假我，那個出來的是第二個假我，那個就是《楞嚴經》裡所謂精神飛越。因為你打坐坐久了，身體上的血液循環，呼吸往來，生理作用並沒有停止，也就是說這個動力沒有停止。心念在靜，生理上的活動沒有停止，兩個一磨擦產生幻相，就成為另外一個投影，是凡夫之人貪著有「我」的這個意識的投影。所以，另外一個自己看到自己睡，看到自己在打呼，蠻好玩的，自己睡的姿勢不好，不過一動念就回去了，兩個又變成一個。

如果認為這樣是道的話，就是「以色見我」，錯了。

還有些人唸佛唸咒子，唸著唸著，虛空中也有個聲音在唸，聲音大得很，甚至於很多聲音唸。有人以為自己有工夫了，這個是道，這是「以音聲求我」，佛說的，注意！你們「是人行邪道」，走入魔道了，現在社會上很流行，一般人受這個迷惑蠻厲害的。

平常我們不在研究佛法的時候，有人問到我，我也只好一笑，為什麼不講呢？我有一個觀念，世界上的人都要吃飯，我為什麼說話妨礙人家吃飯呢？所以你問我對不對？我說不知道就好了嘛！因為我也要吃飯，人家也要吃飯，人家正把飯拿上來吃，我說那是不對的，這多缺德啊！那豈但沒有福德，還是缺德！所以不能講。

現在講到佛法的正念，要把重點告訴大家，這一篇問題多得很，我們先回過來看，從這一品的開始再來研究。

「須菩提，於意云何，可以三十二相觀如來不？」

我剛才首先向大家報告，這一篇重點在「觀」字。「觀」是什麼？佛法的修法叫作止觀，修止觀，尤其修密宗，更需要修觀想，修觀修想。真能夠觀得起來，止得住，就可以得定了。要修佛法，先要能夠觀得起來，想得起來，止得住，定得住，入佛之門就快了。

大家學佛，幾個人能夠觀得起來，能夠把念頭止得住啊？大家打坐，不管你用哪一種法門，能夠止嗎？更不要說定，定更談不上。此一心念能夠止於一樣東西上，或者止在空上，或者止在清淨上，誰能做得到？沒有人做得到！形式上好像在用功，根本都沒有上路。要止而後能觀，止觀雙運是正三昧，真正的定境界，所以叫作止觀雙運。佛告訴我們止觀的方法，如果拿止觀來講，八萬四千個方法都是止觀。譬如念佛，心裡念，嘴裡也唸，你能不能雜念不起，只有一句佛，一句南無阿彌陀佛？做到了，就是念佛法門的止。

止以後，並不是死亡，也並不是萬事不知道，而是清淨到了極點，智慧大開，所有佛法的道理都懂，也都知道，這叫作觀，就是淨土的一種。還有一種觀，譬如佛經上叫我們觀一個月亮、太陽，就是想，觀想。大家都看過月亮、太陽，我們用意識起一個形象，觀在心窩裡也好，胃這裡也好，是觀想的，假的啊！一個月亮，太陽，開著眼睛也好，閉著眼睛也好，前面假想一個月亮，設法把這個假想止住它。或者假想一個佛像停在這裡不動，止得住，人就傻掉了一樣，不是瘋掉了，瘋掉了就有問題了，是傻里傻氣的那麼想。等於人想鈔票啊，男同學們想女朋友啊，或者女孩子們想男朋友啊，好久不來信了，想得傻了！也就是《西廂記》上講的，茶裡也是他，飯裡也是他，就是那麼想著，止住，這就是觀。

密宗有很多的方法修止觀，但是告訴你，那只是方法，不是真正的佛法。方法是方便，叫我們把非常混亂的思想，先拿一個東西把它釘住，這就叫止觀的初步。如果說不用佛像好不好呢？當然可以！我們一念清淨，前一個念頭過去，後一個念頭不起來，當念即空，你永遠止在這兒，旁邊一切境界都知道，一切聲音都知道，一切動靜都知道，但是，與我毫不相干，清清淨淨，這也是止觀，並且是正止觀。

做到做不到？做不到！當然，所謂凡夫者，即非凡夫，是名凡夫。那當然是做不到，當然叫凡夫嘛！做到了，凡夫那個「凡」字，中間一點可以拿掉，叫作「几夫」，就是「幾乎」了，進入佛法就差不多了。佛進一步告訴我們，連最後觀起來的像都要捨掉，所以說不要以三十二相觀如來。

他這個問題，不是須菩提被他搞迷糊了，前面佛問須菩提，「可以具足色身見不」是講見，明心見性，見地的「見」。這裡是講做工夫的「觀」字的觀。所以讀書、讀經、做學問都要留意，不然，剛才我給大家也耍了一點花樣，把你帶領迷糊一下，過去這個問題講過的呀，須菩提答得對呀，現在怎麼又答錯了？須菩提沒有錯，由於同樣一個問題，上一次是問一個物理學家，下一次問一個化學家，回答當然不同，因為觀點不同。如果碰到一個數學家就又不同了，所以佛法的問題，我們讀經要非常小心，一字不能錯，錯了一字，你錯的問題就太大太大了，可能就完全搞錯了。

現在他問須菩提，能不能以三十二相觀佛。這個佛有三十二相，眉毛中間鼓出來一點亮光放光，這是有成就的人。印度沒有成就的凡夫怎麼辦？女孩子們從小在兩眉之間挖個洞，拿個亮玻璃嵌進去，因為東方人認為，那裡有顆明珠，是智慧的成就，是福報的成就，相法上那是不得了的。可是佛的特殊相，不但眉間有一點珠子樣的亮光，同時還有根白毛，拉起來很長，收攏來剛剛貼在那裡，是一種特殊的好相貌；這一根白毛還會放光，所以佛經上說「白毫宛轉五須彌」，這是講阿彌陀佛。這些都是三十二相之一，相好莊嚴。

《金剛經》講了半天叫大家不要著相，學觀想的人，把這個佛像的莊嚴抓得牢牢的，他問須菩提照這個方法觀，可不可以？須菩提說，當然啦！學佛觀佛的修法，應該是這個樣子去觀如來。這話，須菩提答得沒有錯，佛也是那麼教的呀！佛親口教我們觀阿彌陀佛，就是這樣觀的。

今天佛教經常唸南無阿彌陀佛，我真替佛打抱不平，唸阿彌陀佛之前，應該唸南無本師釋迦牟尼佛才是，因為釋迦牟尼佛是介紹人嘛！阿彌陀佛是釋迦牟尼佛介紹來的，現在你只唸阿彌陀佛，自己的老師本師釋迦牟尼佛都不管，豈不是白給你介紹了嗎？這等於講一句難聽話，新娘一進房，媒人拋過牆。這怎麼可以啊！這是不對的。西方極樂世界有阿彌陀佛，是佛說出來的，教你這樣修。因此，你想修成功，不拜本師釋迦牟尼佛的話，我告訴你，那是修不成就的。要成就，人不可以忘本，更何況修佛法！

但是，佛為什麼只介紹你修阿彌陀佛就行了？有個道理，十方三世同一體性，如果你理上明白了同一體性，你唸南無阿彌陀佛，等於唸南無本師釋迦牟尼佛，等於南無觀世音菩薩，此理通了，是可以的；不通此理就是迷信。我講話要負責的，用佛法的立場來講，這個話隨便講要下地獄的，而且下地獄還要下地獄的地下室！我是隨時準備下去的，沒有關係，有電梯快得很（眾笑）。現在這是講觀如來的觀法，重點在這裡，非常重要。

轉輪聖王

「須菩提，若以三十二相觀如來者，轉輪聖王，即是如來。」大家要注意，佛法裡有個大問題，很多研究佛法的都忽略了，現在我特別藉講《金剛經》的機會講出來，就是什麼叫轉輪聖王。

佛經裡提出來，太平盛世，全世界唯一的太平帝王，就叫轉輪聖王；轉輪聖王分金輪聖王、銀輪聖王、銅輪聖王、鐵輪聖王四種。轉輪聖王具有七寶莊嚴，如有有德、有賢的皇后，有很好的財政大臣，有很好的交通工具等。像周朝的周穆王，是最好的帝王，等於鐵輪聖王。周朝歷史描寫周穆王曾到西方，見過瑤池金母，見過王母娘娘。為什麼他能夠跑到西方去見他們呢？因為他有最好的八匹神馬，就是畫馬畫的八駿圖。所謂「八駿日行三萬里，穆王何時不重來」，唐人的詩就是描寫這個。轉輪聖王時代，是人民個個幸福、富裕、安樂的太平盛世。這種明王在最盛的盛世才會出來，他的相貌與佛一樣，有三十二相，跟佛的相貌一樣好。所以釋迦牟尼佛生下來的時候，他的父親找來的看相師就講，這位太子三十二相，不出家就是一代的轉輪聖王；如果出家，就是萬世的佛。

佛再三讚歎轉輪聖王的福德是與佛一樣的，你查查每本佛經就會發現。佛法是注重世間法的，世間法要怎麼樣修成轉輪聖王呢？太平盛世又怎麼樣才到來呢？一切眾生修一切善法，才產生一個太平盛世，才出一個轉輪聖王。所以中國歷史上孔子經常提堯舜禹三代，等於是轉輪聖王的時代。佛在《華嚴經》及各種大經中說，什麼人夠資格投胎作轉輪聖王呢？十地菩薩中再來，才能作轉輪聖王。佛讚歎十王之功德是同佛一樣的。

十王是哪十王呢？就是世界上的轉輪聖王，欲界天的四天王，欲界天中間三十三天的天主帝釋，就是我們講的玉皇大帝，色界天的大梵天王等。佛經講十大王的功德，都是與佛一樣的，只差一點，就是沒有悟道。但是他的福德、善行、智慧，同佛幾乎是平等一樣的。所以研究佛經大家不要搞錯了，以我看這一節很多人都錯了。佛經重點在教育，教育眾生修一切善法，我們不要說沒有轉輪聖王那樣的福德，我們轉泥巴聖王都做不到啊！摸泥巴都沒有資格，還談什麼轉輪聖王！

說到轉輪，什麼叫轉輪啊？把一個時代歷史扭轉過來，扭轉到太平世界。能有這麼大的道德和力量，所救的豈止千萬人而已！所以說，要有與佛一樣的功德，才能為轉輪聖王。換句話說，有轉輪聖王那樣大的福報，才能夠得智慧的成就大澈大悟。我們不要以為六祖不識字而能悟道，自己因此也不要研究佛經了。我說對不起！六祖只有一個，可惜你不是六祖，你是六祖半。六祖可以不讀佛經而悟道，但是前無六祖，後無六祖，你只是六祖半，不要作此想了。

佛經告訴我們轉輪聖王有三十二相，同佛的功德一樣；換句話說，轉輪聖王是大澈大悟的肉身佛，故意入世作轉輪聖王。但是為什麼不稱他是佛呢？關於這個，我從前年輕的時候很狂妄，人家問我為什麼不出家，我就有一首詩最後兩句：「此身不上如來座，收拾河山亦要人」。這個世界上那麼髒，也要有人來掃地啊，清理清理，弄乾淨一點。所以轉輪聖王本身，事實上已經到達佛的境界了。

十地菩薩與轉輪聖王

我們上次講到「法身非相」這一品，還沒有作結論，現在我們再反覆的作一個研究。中國的佛教與佛法，到了唐代禪宗的興起，提倡以《金剛經》為標準。這部經同禪宗的關係，從這一品可以發現，是教授法的特別，這種教授是引導性的，啟發性的，而且是正反幾面一起來的。像第二十六品講到見佛的問題，佛問以三十二相觀如來對不對？須菩提答覆說應該以三十二相觀如來，佛卻把他批駁了。佛說假使以三十二相來看佛，以有形象的佛來看佛的話，那麼轉輪聖王的色相和威德，是與佛一樣的相好莊嚴，也可以算是佛了。這是一個問題。於是須菩提就講，照這樣一說，我理解了，懂得不應該以三十二相看如來，不應該以色相來看佛。

色相看佛的事情，我們上次也討論過，學佛做工夫，幾乎所有的人都會著色相的。譬如我們用功的人說，你今天氣色好，你精神很飽滿，返老還童了，這些都是著色相的觀念。因為色相不實在，色相不久長，是暫時的，只是法身本體的暫時起用，不是真實的。色相不是果，不是種性，所以用這個道理而加以說明，並且用偈子作結論，特別告誡我們：「若以色見我，以音聲求我，是人行邪道，不能見如來」。這個道理我們上次提到過，包括的意義很多了，凡是我們學佛的人，都要深深的思考一下。

第二個問題，這一品裡提到轉輪聖王的問題，我們上次也提到過。一般研究佛法，往往把佛法完全解釋成出世的思想；其實在佛經上再三提到轉輪聖王的功德。佛在《華嚴經》上也提到，只有十地的菩薩，才能轉生為轉輪聖王，才能使天下太平。轉輪聖王是曠代一人，歷史上經過上千年，或者幾百年才會出現；等於孟子說「五百年必有王者興」。人類社會的太平是很不容易的，必須要有轉輪聖王莫大的功德，才能夠造成一個時代的太平，所以，佛再三讚歎轉輪聖王的威德。一個人要想成佛不容易，成就轉輪聖王也不容易，要許多的善行，許多的功德修成。世間法與佛的功德之間，只差了一點，就是般若智慧。轉輪聖王之所以不是佛，是因為沒有明心見性；轉輪聖王如果明心見性了，也可以成在家佛。

《華嚴經》裡所標榜的，好幾位帝王都是佛，本身已經悟道了。我們上次也提起過，佛經上所說十王之功德。十王的意義包括很多，佛說地獄有十王，雖然都是鬼王，但是我們還不容易當到鬼王呢！鬼王有他的功德，就是說在惡道中現身而教化眾生，也就是功德成就的菩薩境界。天人境界裡，欲界天四天王，也是功德成就才能昇為天王。換句話說，在人中作一個領導，使天下太平的，都是同佛一樣的困難。其中的不同就是見地方面，也就是見道的問題。

這一品所講的，是色、聲都不能見道，也就是整個《金剛經》上所講的不能著相。學佛法著相了，就不能得見法身。人相、我相、眾生相、壽者相是四大原則，任何的著相，都不能得見法身，所以說「以色見我，以音聲求我」，都錯了。

他為什麼不說以色見如來，以音聲見如來呢？是故意把這個「如來」用作「我」嗎？這個決不是翻譯的手法。所謂明心見性，最後就是宇宙同體，萬物同源的這個「我」的問題，是找到生命本來的「我」的問題。這一個離開聲色一切都不著，一切不住，就是大乘的心印，「無住、無相、無願」。這本經大部分所說的就是這三個要點。到達了這個境界，離開了這個聲色，才能見道，真見到佛，也真見到「我」。

但是這個見又是什麼見呢？是見「根本智」，就是實相般若法身之體，是見到根本智法身之體。當一切都無著，一切都不住，就是見法身之體根本智。但沒有大澈大悟，還沒有見「後得智」。拿禪宗來講，所謂破三關，到這個境界可以說是破掉了初關；這也就是後世講見山不是山，見水不是水。當然見人不是人，見鬼不是鬼，什麼都不是，一切都不是，一切都不著。

我們用世間的現象來給它一個偈語的結論：

第二十六品偈頌

粉墨登場笙管濃　誰知檻外雪花重
推窗窺見清涼界　明月蘆花不定蹤

「粉墨登場笙管濃」，人活在這個世間，乃至一切萬有活在這個世間，都是在唱戲。宇宙本來是個大舞台，我們不過是大舞台裡跑龍套，搖旗吶喊的一批人。大家打扮一下粉墨上場，音樂也很鬧熱。但是這個戲台也分內外兩層，前台很熱鬧，一回到後台，把臉一洗衣服一脫，我還是我。除了前後台，還有個外台。

「誰知檻外雪花重」，這是我當時在峨嵋山實在的境界，如果我們自己了解了，就知道一切都在演戲。像峨嵋山那個地方，到了冬天是白茫茫一片雪的世界，那個也是在演戲。當我們覺得戲的人生沒有意思，去修道打坐，一切皆空，清清淨淨的那個境界，認為比人生高明得多，認為已經悟道了，你不要忘記，你那個還是在演戲。你那個時候在演什麼戲？說一句笑話，你是在演和尚戲，出家的戲。心境已經出家了嘛！一切皆空，現在只有這個最好！不過，這個還是戲。只是這個戲不同，這是窗檻外一片清涼，雪花萬朵的一個戲。你不要被這個色相迷住了，假使被這個清淨色相迷住了，永遠不能成道。

所以明代禪宗憨山大師就講：「荊棘林中下腳易，月明簾下轉身難」。一個人學佛處處都是障礙，等於滿地荊棘，都是刺人的。普通人的看法，荊棘林中下腳非常困難，但是一個決心修道的人，並不覺得太困難，充其量滿身被刺破而已！最難的是什麼呢？月明簾下轉身難。到了完全忘我、忘身，證得了空的一面，清清淨淨的時候，叫你不要入定，不要入清淨的境界，而要行人所不能行，忍人所不能忍，進入這個苦海茫茫中來救世救人，那可是最難的，做不到的。所以小乘的大阿羅漢果證得了，清淨境界證得了，淨土的境界到達了，在大乘戒律上是犯戒的，那是耽著禪定，功德不能圓滿。憨山大師這兩句話就是警告，到那個時候再想回轉來就很難了，也許一墮落就是八萬四千大劫。因為在這個清淨境界進入羅漢大定，要很長的劫數裡都不肯出定。

「推窗窺見清涼界」，不肯出定不是究竟，菩提後得智根本還沒有影子，還沒有看見，自己只見到清淨法身一面，沒有見到法身起用的一面。如果我們在清淨的境界裡再轉一下，打開窗子看看這個天地，「明月蘆花不定蹤」，世界上沒有哪一處不清涼，到處都是淨土，地獄裡頭都是淨土。真了解了法身，此身真到達了徹底的無住、無相、無願、空的境界，無往而不利，在煩惱中即是菩提。假使貪著了清淨的一面，菩提也即成煩惱，就是那麼簡單的一件事。

懸崖撒手

二十六品中，說明不能著相觀的道理，我們提到為什麼後世禪宗採用《金剛經》作為禪宗的藍本，就因為它教育方法的原故。你看佛的教育方法，反正你這樣說不對，那樣說也不對，正說不對，反說也不對，你說不對的更不對，你說對的還是不對。最後怎麼樣才對？你的才對，不是佛的才是對。所以全部的《金剛經》，是教我們所謂祖師們的四個字，「自悟自肯」。要真正悟到般若的體相，自己肯定；所謂禪宗祖師的話，「懸崖撒手，自肯承當」，這是說參禪的。

現在一般學禪學的特別要小心啊！禪宗為什麼特別叫作「禪」字，它同禪定兩個配起來，不可以分離，沒有禪定做基礎不談禪宗。要戒定慧到達了最高處，等於普通人在萬丈懸崖頂上站著，撒手跳下去，這個跳下去你還有命嗎？懸崖撒手，你要自肯承當跳下來，最高明處到達了最平凡處。

要怎麼樣到達這個境界呢？不是理解到了就行，「絕後再蘇」，要大死一番，當然不是吃安眠藥的大死，是要你下一番工夫，大死一番再醒過來。所謂大澈大悟「欺君不得」，這個東西不是嘴巴上講理論，不能騙人的。假使說騙人騙自己說悟了，今天悟了明天靠不住的，那不是解脫的究竟，所以必須切實下一番工夫。《金剛經》的教育手法，就是這個路線，佛對於須菩提的教育，四面八方圍過來打，你講這樣也不對，講那樣也不對，把他圍得頭都昏了，就是要他絕後再蘇，欺君不得。

成佛見道不能依賴他力，只有自己站起來，要你自己真是絕後再蘇，然後才成佛。當然其中先要經過懸崖撒手，懸崖撒手是什麼都丟光，不但人世間的一切都丟掉，連佛法也丟掉。一個人在高空撒手跳下來，什麼都沒有，一切都丟得乾乾淨淨，然後才能見到法身。

第二十七品　無斷無滅分

須菩提。汝若作是念。如來不以具足相故。得阿耨多羅三藐三菩提。須菩提。莫作是念。如來不以具足相故。得阿耨多羅三藐三菩提。須菩提。汝若作是念。發阿耨多羅三藐三菩提心者。說諸法斷滅。莫作是念。何以故。發阿耨多羅三藐三菩提心者。於法不說斷滅相。

三界六道之外

須菩提。汝若作是念。如來不以具足相故。得阿耨多羅三藐三菩提。須菩提。莫作是念。如來不以具足相故。得阿耨多羅三藐三菩提。

佛叫須菩提，「汝若作是念」，你假使有一個觀念，認為「如來不以具足相故，得阿耨多羅三藐三菩提」，認為不著相就可以見佛，就可以大澈大悟的話，他說須菩提啊，你千萬不要這樣想，不要認為沒有功德成就也能夠悟道成佛，你有這種觀念就錯了。

前面我們明明聽須菩提講的嘛！不要以三十二相見如來。佛則說「若以色見我，以音聲求我，是人行邪道，不能見如來」。可是佛現在又說，須菩提你不要搞錯了啊，假如你認為不具足一切功德圓滿就能大澈大悟的話，須菩提你注意啊！「莫作是念」，你千萬不要那麼想啊！千萬不能認為不要具足功德就可以大澈大悟。

須菩提。汝若作是念。發阿耨多羅三藐三菩提心者。說諸法斷滅。莫作是念。

你如果以為人只要悟了道以後，什麼都好了，什麼都空了，這個觀念是很嚴重的錯誤啊！這是佛明白交代給須菩提的。

關於這一點，我個人倒也碰到過很多。幾十年前在大陸雲南，找一位很有名的禪宗大師，也是一位八指頭陀。後來我到昆明碰面了，我說：法師，我聽說你悟道以後有一個觀念，認為證得涅槃以後，生死已了不再來了，有沒有這樣說法？他承認了，我就請教他《楞伽經》中的話，「無有涅槃佛，無有佛涅槃」，你不來到哪裡去啊？跳出三界外，跳到哪裡去呀？佛沒有說有個第四界呀？不在五行中，那你在哪一行中啊？了了生死就不來，這不是佛法吧！後來為這個問題我們辯論了很久。

很多人學佛都有這個觀念，都認為學了佛，悟了道，兩個腿一盤，了了生死，再也不到這個世界上來受苦了。這個觀念是絕對錯誤的，是修道學佛上最大的錯誤觀念。

常常有人告訴我，殯儀館有很多稀奇古怪的事情，可以證明佛法的事也很多。今天一位同學說，殯儀館的人告訴他，有個十幾歲的女孩子，父母逼她趕快結婚，逼急了，她兩腿一盤，就涅槃了，就走了。死了以後送殯儀館，沒有辦法裝棺材，因為兩個腿盤著，骨頭也硬了放不開，沒辦法，只好給她特別設計一個方櫃子，把她放在裡頭。我說：此乃再來人也！就是所謂修行有所成就的，並不一定證到羅漢果，是所謂七還、五還、三還、一還人間等等的現象。又有一位同學告訴我，有一個四十多歲出家的太太，八九十歲死了，結果燒化後頭頂骨不壞，舍利子都在那裡。這些都是比較實際的資料。

斷滅見

回頭再說有人認為悟了道以後就不來，好像有個地方可躲似的，這是個錯誤的觀念。這個錯誤的觀念，在佛法上就叫作見地上的錯。一個人學佛，不管在家出家能夠證果的，最重要的是斷見思二惑。見惑、思惑，在前面第九品已經談到過，見地不清楚有了偏差，就落於偏見。五種錯誤的見解就是身見、邊見、邪見、見取見、戒禁取見；這五見障礙了修道，也就是不能悟道的原因。思惑就是煩惱惑，內心的貪瞋癡慢疑。

現在人類的唯物哲學就是落於斷見，認為人死如燈滅，沒有三世因果，六道輪迴，因為還拿不出來證據；認為人死了就是完了，這是屬於斷滅見，也是邪見的一種。所以佛就告訴須菩提，你千萬不要落在一個錯誤的觀念，一個斷滅見的思想見解。

前面剛剛說不能著相來看佛，現在又告訴他，也不能落在不著相看佛；著相是錯，不著相也是錯。假使落在不著相看佛，一切本空，又何必做善事，佛也空，善也空嘛！一切皆空，我殺人也沒有關係呀！殺也空嘛！偷騙搶做壞事都空，這樣的見解，就叫作撥無因果，落於空見。空見的錯誤，同唯物思想是一樣的，這一點大家要特別留意。有些南傳佛學，東南亞一帶小乘佛學的觀念，就是落在空見的見解上，結果被唯物思想吃掉了。

撥無因果就是把因果這個道理撥開了，不承認有因果的存在，這是現在人類思想潮流最可怕的一面，也就是佛說的斷滅見的思想。佛就怕須菩提搞錯見解，上面先告訴他不能著相見如來，但是又怕須菩提落在不著相；不著相的結果就變成斷滅見，撥無因果了。所以他就再三告誡，「莫作是念」，你不要搞錯了。

不說斷滅相

何以故。發阿耨多羅三藐三菩提心者。於法不說斷滅相。

所以一個真正學佛的人，想求得大澈大悟，首先要注意不能落入「斷滅相」。「斷滅相」是什麼呢？斷滅相落空，認為佛法的究竟是空的，見到個空果，就是斷滅。現在《金剛經》快講完了，經中有沒有告訴你一個空字啊？我們後世的註解，說《金剛經》是講空的，那是你的註解，佛可沒有這樣說！佛只說「過去心不可得，現在心不可得，未來心不可得」；「若以色見我，以音聲求我，是人行邪道，不能見如來」。那是教育方法，處處把你的錯誤擋住，他並沒有告訴你是什麼，只告訴你不是什麼。《心經》也只是告訴你照見五蘊皆空，最後告訴你真實不虛，並沒有講空啊！是照見五蘊皆空，它並沒有說般若波羅蜜多都是空的啊！這些就是我們研究佛學、佛經、佛法，必須要特別注意的地方，不然很容易落在邪見的錯誤上。

空，同斷滅見是一模一樣的，有許多人學佛，自認什麼都看得空了，其實那不叫作空，從心理學來講，是你灰心了，或者年紀大了，或者環境不得已，或者倒楣透頂，所以說自己看得空得很了！還有個灰心在，就不是空，那個灰心非常厲害。還有許多搞哲學的學佛，經常喜歡吹這個牛，看空了，看通了等等。他只要開口講這個話，就證明他一點也沒有看通，因為他真通的話，連說這個通、這個空都不會了。空的啊！空的啊！他在感嘆嘛！對不對？他既然感嘆就心有戚戚焉，這正有個東西，一點也沒有空。換句話說，這不過是不吃西瓜，卻吃了一個大冬瓜，還是一個瓜嘛！傻瓜嘛！

所以再三提醒諸位注意，「空」是方便的說法，是個形容辭，如果把空當作真正空得一無所有，那不是空見，那就叫作斷滅見。所以佛吩咐，「發阿耨多羅三藐三菩提心者，於法不說斷滅相」，這是一句非常嚴重的話，絕對不是斷滅，更沒有說空。這一節的題目——「無斷無滅」，梁昭明太子標得非常好，不斷不滅，不是斷滅相。現在科學曉得物質是能量互變，它並沒有滅過，要認識清楚。這一品偈語如下：

第二十七品偈頌

翻雲覆雨雨成雲　點滴如絲亂不分
凍作冰河冰化水　漫從光影捉斜暉

「翻雲覆雨雨成雲」，看到宇宙的變化，今天下雨明天晴，雨變成雲，雲又變成雨。反正啊，是一點水氣，是這個水蒸氣的分子在變化。

「點滴如絲亂不分」，等到蒸氣冷熱接觸，變成雨點下來以後，每一滴雨點本身自成一個範圍，自成一個系統。等於我們一切眾生同一個本性，可是構成我們個人的自體以後，我的我與你的你，絕對不一樣，可是根根是一個。就像蒸氣在空中碰到冷氣層，變雲變雨，每一雨點各有範圍一樣。但是所有的雨點，都是水蒸氣變的。

「湅作冰河冰化水」，冰化了就變成水，水湅了就變成冰，這些是現象界萬般的變化，各種的變化。變化歸變化，本體不變，因為本體無相，亦無著。講本體是空嗎？也錯了，講它是常住，也錯了，講它是斷滅，也錯了，這一些都不是。

「漫從光影捉斜曛」，那麼本體的法身功能在哪裡見呢？在一切作用一切現象上見，一切的現象都是它的現象，一切的作用就是它的作用。所以，體在相、用中見，一般相用都不著，才能體會這個體。這是《金剛經》差不多最後的教育方法，佛都告訴我們了。

第二十八品 不受不貪分

須菩提。若菩薩以滿恆河沙等世界七寶。持用布施。若復有人。知一切法無我。得成於忍。此菩薩。勝前菩薩所得功德。何以故。須菩提。以諸菩薩不受福德故。須菩提白佛言。世尊。云何菩薩不受福德。須菩提。菩薩所作福德。不應貪著。是故說不受福德。

愛布施的菩薩

須菩提。若菩薩以滿恆河沙等世界七寶。持用布施。若復有人。知一切法無我。得成於忍。此菩薩。勝前菩薩所得功德。

《金剛經》另外有一個特點，除了教授法特殊以外，還有個特點，就是佛善於推銷；就像西門町百貨公司的推銷員一樣，自己在那邊吹喇叭就賣起來。當年在上海、杭州、青島，經常看到賣梨膏糖的，手裡拉個洋琴，一邊唱：小孩子吃了我的糖啊，讀書考得好呀，老年人吃了我的糖呀，永遠長生不老呀，女人吃了我的糖，又是青春又美麗呀……我們看了《金剛經》啊，就覺得佛在賣梨膏糖，他說不了幾句，就是這個功德怎麼樣，那個功德又怎麼樣；等到你相信了它的功德，他又把功德推翻了，這是佛的教授法。

但是我們要留意，這本經一講到重要的地方，他就吩咐須菩提說，這個經功德怎麼大。前面幾次就是講本經的功德，受持讀誦，功德都非常大。到了這一段，他又告訴須菩提，大乘菩薩們的布施，不是前面兩次所說的一般人們的七寶布施。我們在座的人，與世界上所有的人都是菩薩，是因地上的菩薩，等於憲法規定，凡年滿十八歲的國民，都具備當選任何公務員的資格一樣。一切眾生，只要具備靈性的，都是因地上的菩薩；成就的菩薩，叫果地上的菩薩。

所以大家可以大膽的承認，自己就是菩薩。以菩薩戒來說，自殺是不准許的，連自己故意破壞自己的身體，也是犯菩薩戒的，等於出佛身上血。因為這個身體是菩薩身，不能隨便破壞。由此我們了解，《孝經》上說，「身體髮膚，受之父母，不敢毀傷」是同樣的道理。古人也說，「君子不立於危牆之下」，明知道是危險的牆邊，偏要拿身體去靠，就是不孝。拿佛法來講，也是犯菩薩戒，因為你這個肉身不屬於你的，悟道以後，這個肉身就是肉身菩薩；換句話說，就是菩薩的肉身。菩薩就是得道的人，有道德的人。

現在說到菩薩要來布施，為什麼菩薩還要來布施呢？其實連佛都還要布施，這一點我們特別要注意。在佛的戒律上看到許多地方，佛帶領一般弟子修行，學生中有眼睛看不見的，佛幫忙他做事情，那些弟子說，你老人家怎麼還來幫忙呢？他說我也是要培養功德，他說一個人做功德是無窮無盡的。換句話說，做好事是不分尊卑地位的，也沒有夠的時候。不要以為自己至高無上，崇高偉大，好像功德圓滿了；那就算成了佛，也已經不值錢了，這種佛我們可以把他拉下來。所以佛的偉大也就在此，他永遠不斷的以身作則，不斷的善行培養功德。一切菩薩修持善果，修持功德，永遠都是無窮盡的。

譬如當年我所參學的那些前輩大師們，尤其在西康西藏，看到的好幾位活佛，他們有很多弟子，自己卻很辛苦出來化緣，供養弟子們。這些弟子們在那裡很舒服，在那裡閉關的閉關，修行的修行。有時候一個地方經常維持四十個修行的學生。

我們看禪宗的語錄，牛頭融禪師沒有悟道以前，在牛頭山入定；入定的時候，天人送食，吃飯也不需要自己做，到時間自然有天女來送食，又有百鳥銜花供養，當時還沒有悟道，只是入定而已。後來悟道以後，自己就不入定了，其實他都在定中。所以不在山上打坐，下來辦教育，帶領了很多人修持，通常有五百人跟他學。而他每天要走幾十里路來回，揹米、挑米，古代交通不便，米挑來給學生們吃，給徒弟們吃。

所以看了這樣的精神，我們曉得真正的學佛，要在行為上注意。一般學佛的人觀念錯誤，認為學佛可以偷懶，可以躲避，以為在學佛，萬事不管。這完全是錯誤的態度，不但不夠小乘，就是基本作人的行為都算錯誤的。這是因為我們看到《金剛經》上提出來，「菩薩以滿恆河沙等世界七寶持用布施」，而談到大乘菩薩們的發心。

一切法無我

菩薩們用充滿恆河沙那麼多珍寶財富布施，這個功德當然很大，而他自己本來已經是菩薩了，還要去做功德。假使有一個人所做的比這個菩薩所做的功德還要大，那是什麼呢？「若復有人，知一切法無我，得成於忍，此菩薩勝前菩薩所得功德」，一個真正果位的菩薩，知道，做到，一切法本身無我，這是由《般若經》講唯識「一切法無自性」而來的，這一點需特別注意。尤其一般青年同學們研究法相，聽過唯識的，特別注意。

後代講唯識學常有一個很大的錯誤，就是把唯識學的一切法無自性的「性」字，同禪宗明心見性的「性」，當作是一回事，把觀念拉在一起。這可以說是毀謗，也可以說是愚蠢無知。這些人由於對見「性」一字的誤解，因而大罵華嚴宗、天台宗、禪宗等性宗的理論，認為明心見性可以成佛屬於外道，算是真常唯心論，認為是有個東西；佛法本來講空，怎麼有個東西呢？

我們先要知道，佛經常有心與性兩個字，是要特別小心注意的。譬如《金剛經》說「過去心不可得，現在心不可得，未來心不可得」，這個「心」字是借用的，是講我們意識思想活動的第六意識的這個心，也是心理作用這個心。

有時候講的心純屬一個代號，代表了本體，實相般若那個境界。形而上那個體，有時用心來做代號，有時用性做代號。這是因為過去翻譯工作上，遭遇用字困難的問題，我們必須了解。而唯識所講的一切法無自性，是指一切世間出世間事物及一切的理，它單獨的本身，沒有永遠存在的性能，也沒有單獨存在永遠不變的一個性質。

譬如我們剛才講天氣很悶熱，過一會下雨了。但是每一滴雨無自性，雨下來，碰到土地就流失了。千千萬萬點雨下到大海，下到大地，凝結起來又返本還原，所以它無單獨存在的自性。那麼你說，雨沒有單獨存在的自性，最後歸到一個水性對不對？也錯了。因為地、水、火、風也是一切法無自性，非空非有，不斷不常，所以佛法的最高處就在這個地方。我們一般研究佛學的教義教理，都容易走上或錯解取義，或斷章取義的歧路。這一點要特別小心注意。

我們現在提出來，唯識宗所講一切法無自性，也就是般若宗《金剛經》這裡所講，「一切法無我」的道理，這兩個是同一道理，只是不同表達的方法而已。所謂一切法，包括了世間的一切，及出世間的一切。甚至證得羅漢境界、菩薩境界，乃至於成了佛，證得無為涅槃之果，也都屬於一切之內。一切包含了一切，知道了一切法本身無我，並沒有告訴你無我以後是空，只有告訴你無我。至於無我以外有沒有真我？那是你的事了。

我們研究《金剛經》從開始到這裡，它只有遮法，是教育的方法，就是把你的方法擋起來，否定了你，但是他沒有告訴你一個肯定的，沒有說什麼才是對。他沒有承認你，或肯定你哪一個才是對，要怎麼樣來肯定。「一切法無我」，到了這個境界，懸崖撒手自肯承當，要你自悟、自證、自肯。

關於自肯自證的問題，我們要談到玄奘法師到印度留學的事。印度當時還是聯邦政府，幾十個國家，外加多種的外道，為了爭辯一個佛法哲學的問題，吵得不可開交，大家立了契約，失敗的一方就不能存在了。當法師們已經沒法辯論時，剛好碰到玄奘法師去了，聽說這個中國和尚智慧很高，就請他作評判。玄奘那時還很年輕，就上高臺主持，最後的問題是，既然證到了佛法，最後到達無我相，有一個相也不對，有一個知也不對，那麼如何叫作證得呢？怎麼證明已經得道了呢？玄奘法師就講了一句名言：「如人飲水，冷暖自知」。這個事情就此作了結論，也保持住了印度當時的佛教。

所以這個自證的部分，等於人喝水一樣，是涼是熱，只有你自己知道；告訴你，你也不知道。這個問題回答得很妙，不過如果現在再做科學論辯的話，這個問題還有問題，這裡暫時不多作討論。所以一個人知道「一切法無我」後，遮住了以後，既沒有說無我就是空，也沒有說無我以後有個真我，我們不要隨便給它加上。像這種地方，般若智慧的成就是要自己參的。

定與忍

知道了「一切法無我」，「得成於忍」，這句話更嚴重，怎麼樣叫「忍」？這個忍在佛法修持裡是一個大境界。我們曉得所謂講得定，是以小乘的範圍來講；修大小乘之果，都是以定來作基礎，學佛沒有進入定的境界，是沒有基礎的。不管在家出家，道理是一樣的，沒有基礎就只是一個普通學的人而已，但是定本身並不一定就是佛法。至於大乘的佛法，則必須「得成於忍」。得忍與得定不同，所以說菩薩要得無生法忍，才進入大乘的境界。無生法忍不能當作定來解釋，如果把無生法忍當成是定，那乾脆說無生法定該多好呢！所以這個忍字，要再加研究才是。

再看《金剛經》的本身，六度成就中講過布施成就，但持戒成就不提，實際上布施的成就之中就有持戒的精神。全部經典都講般若成就，但是卻不提禪定成就，你真正得了般若的成就，自然就是禪定。六度中間，布施、忍辱、般若，這三個成就到了，所謂持戒、精進、禪定自然都到了。關於這一點，我們研究《金剛經》要反覆去讀去深思，去參究，慢慢的你就可以真懂了。

講到「得成於忍」，前面佛自己說，過去修忍辱波羅蜜的時候，被歌利王割截身體，沒有動過怨恨的心，只有慈悲的念，因此他沒有覺得痛苦。這是什麼境界？大家要研究啊！這是定，這是無生法忍，這也是般若，也就是悟的境界。大家現在學禪，或者讀了些書，看了一首詩，聽到青蛙叫、狗兒跳，嗯，我悟了；我們也拿一把刀，也學歌利王割你一刀試試看，看你得成於忍還是得成於恨？你悟了嘛！悟了應該有這個境界啊！所以說，此事不要隨便談，禪學可以隨便講，真正的佛法是要求證的，《金剛經》的榜樣都擺在這裡。

真正知道了「一切法無我」的時候，達到了無我的境界，自然達到了無生法忍的境界。當然，到達了無生法忍，還只是大乘菩薩初步！只是這個菩薩超過前面所譬喻的菩薩。也就是說，拿無量無數的七寶來布施，有相物質的布施，功德不如無相布施功德的萬分之一。

講到二十八品，差不多點題了，非常重要。勉強把無生法忍的境界研究研究看，先不談求證，先在理論上找找看。佛沒有告訴我們這是一個什麼境界，其實佛說過了，只是大家看過去忘記了。佛開頭就說「善護念」，「應無所住而生其心」，一切無著無相。由於善護、無著、無相，就可以知道「一切法無我，得成於忍」。《金剛經》開頭佛就已經跟我們講了，他在傳法呀！他不是在講經啊！後世所謂講經與說法是不同的。

像這裡佛說的，教你怎麼樣修，你有問題問他，他答覆你，那是說法。像我們現在講經，是根據佛菩薩們所說的加以討論，這個是講經，所以講經是講經，說法是說法。過去在大陸大叢林、廟子裡，有說法堂，有講經堂，各處不同的。說法堂裡大和尚上堂，不帶書本，一個字都不用，就憑自己所證悟的、工夫的、智慧的經驗，隨便討論，這個叫說法。

《金剛經》開始就告訴我們修持的方法，是善護念，無住，由此而得成於忍，無生法忍。說到這裡我們再舉一個禪宗公案來說明。

張拙的故事

唐末五代的時候，禪宗鼎盛，有一位在家人叫張拙，去見一個禪師問道。禪師問他叫什麼名字？他說我叫張拙。這個禪師說，找個巧都找不到，哪裡來個拙呀！他一聽就悟道了！就那麼快，言下頓悟，這一句話就悟道了。我們現在找找看他悟個什麼？他悟得「一切法無我」了嘛！「得成於忍」，對不對？拿教理說暫時懂了吧？所以他就作了一首偈子：

光明寂照遍河沙　凡聖含靈共我家
一念不生全體現　六根纔動被雲遮
斷除煩惱重增病　趨向真如亦是邪
隨順世緣無罣礙　涅槃生死等空花

「光明寂照遍河沙」，這是講體，一切眾生同一本性，這個自性之體是光明清淨，無相。寂照不是真常唯心，那是形容辭。遍河沙，無所不在。「凡聖含靈共我家」，一切眾生與佛無差別，心、佛、眾生三無差別。「一念不生全體現」，注意啊！一念不生是無生法忍初步的境界。怎麼說是初步的境界呢？真正無生法忍，萬念皆生也是無生法忍，那是菩薩成果，初步的境界是一念不生。還有我們學佛修持的人不要搞錯了，以為一念不生了，以為念頭、思想都不動了，那不是一念不生，那是昏沉。什麼是一念不生呢？「善護念」，無住，一切無住，「過去心不可得，現在心不可得，未來心不可得」，不可得亦不可得，就是一念不生，生而不生。所以「六根纔動被雲遮」，這都是初步的無生法忍，到了最後六根全動也沒有被遮住，所以剛才講，佛說的無相無住。

但是這中間也分兩層，就是根本智與後得智的不同，不能以聲色來悟道，去掉聲色以外，「一念不生全體現，六根纔動被雲遮」，這還是只得根本智的這一面，沒有得到後得智。

「斷除煩惱重增病」，為什麼不必斷除煩惱，斷除妄念呢？你打起坐來，一天到晚斷除煩惱，把煩惱空了，妄念空了，那個就是妄念啊！那個就是煩惱啊！所以你不能得定，反而成心理的病相，所以說斷除煩惱只是再重增一層病。

「趨向真如亦是邪」，你心理只想抓個道的境界，那也是邪見！一切法無自性，所以你不能抓一個真如道的境界，有個道的境界，就正是妄念的境界，就是煩惱，那就不是「一切法無我」的道理。因此這位居士後來並沒有出家，在家菩薩後來就成道。下面兩句話你看他大澈大悟的話，也無所謂在家出家。

「隨順世緣無罣礙」，活到這個世間，隨順世緣，就是所謂禪宗祖師講，真正悟了道的人，是怎麼樣修行呢？兩句話，「隨緣消舊業，更不造新殃」，就是還債而已，隨緣消舊業，不再去造新的壞業力。當然新的善業還不斷在做啦！隨緣消舊業，更不造新殃，這個就是「隨順世緣無罣礙」的道理。最後他的氣派更大，所謂了解《金剛經》的全部。

「涅槃生死等空花」，不但生死等空花，學佛證到涅槃也沒有什麼了不起，涅槃也是空花夢幻，空中的花果，不實在的，所以「涅槃生死等空花」。我們拿這個張拙的公案，來說明《金剛經》所講「知一切法無我，得成於忍」的道理。

有求就有住嗎

何以故。須菩提。以諸菩薩不受福德故。須菩提白佛言。世尊。云何菩薩不受福德。須菩提。菩薩所作福德。不應貪著。是故說不受福德。

「以諸菩薩不受福德故」，這句話又點題了，因為真正行大乘菩薩道的人們，他做善事不想求福德的果報。所謂做一切善事，義所當為，應該做的啊！假使我們行善救世救人，認為我在培福報，又錯了，那是凡夫的境界，不是菩薩的心性。所以一切菩薩不受福德，他不求果報。須菩提聽到這裡又懷疑了，他說，為什麼說菩薩不受福德呢？剛才我們說過啊！菩薩並不以求福德之心去行善，是做應該做的事，本份的事，做了就做了，不住、不著，這個還有什麼問題啊！難道須菩提比我們還要笨，還要問一下，為什麼菩薩不受福德嗎？

你說須菩提問這個話對不對？當然對，問得很高明。對！菩薩做善事，並不是為了求福德，但是既然無住無著，求求又何妨啊？換句話說，求也是不住啊！菩薩難道沒有這個氣派嗎？他問的是這個道理。你不要小看這個問題，須菩提問的非常嚴重啊！既然是菩薩，此心無住，行一切善，此心無所求，這是無住。有所求就有住嗎？那這個菩薩還沒有澈悟吧？還沒有對吧？他問的是這個道理。所以佛也幾乎被他問倒了，又趕快說：

「須菩提，菩薩所作福德，不應貪著，是故說不受福德」，諸佛菩薩都在行功德，當然不應該貪著，因此說，雖然有福德，自己並不貪著，有好處，自己並不領受，而迴向給世界一切眾生，願這個世界一切眾生受這個好處，自己不想要。所謂大布施，所謂布施法門，布施波羅蜜多，就是這個道理。

所以有一個結論，真正證道悟得般若的人，沒有自私的，不會走小乘的路子，是布施第一。布施是法布施、財布施、無畏布施，一切的布施，菩薩道都在其中了。這一品我們結論的偈子：

第二十八品偈頌

默然無語是真聞　情到無心意已薰
撒手大千無一物　莫憑世味論功勳

「默然無語是真聞」，這是講真正學佛智慧與功德，真正的佛法，一切無我無自性。那麼佛說的法也是方便，真正的佛法也說不出來。所以，佛曾經有一次在摩羯陀國，對學生不講話了，在摩羯陀國閉關三個月，不說話。

這表示佛法是沒得可說的，要你自己去證，所以默然無語，說無可說，這是真聞。

「情到無心意已薰」，真修到無心之地，一切行，一切處，都是無心。一切情意識都自清淨了。什麼是無心呢？就是「過去心不可得，現在心不可得，未來心不可得」，到無心之處，這個第六意識完全轉了，才呈現智慧的境界；所謂轉成妙觀察智，般若的境界。

「撒手大千無一物」，怎麼樣修持才能夠達到這個無心之處呢？懸崖撒手還不夠，三千大千世界的一切，都可以拿來布施，一切都可以放下，真正的放下，就是六祖說本來無一物。所以，學佛法就是兩條路，要求福德的成就，諸惡莫作，眾善奉行，就是提得起；要想智慧的成就，就是放得下。

提得起，放得下，才有資格學佛；提得起，放得下，自然就可以成佛。說般若境界，一切萬緣放下，諸惡莫作，眾善奉行，修一切善法。做到了一切提得起，修一切福德——福德不是世間上的福報啊！一個人要悟道成佛是要大福報的！真正的智慧也是需要大福報的，不是世間的福報所能成的。

第二十九品 威儀寂靜分

須菩提。若有人言。如來若來若去。若坐若臥。是人不解我所說義。何以故。如來者。無所從來。亦無所去。故名如來。

無來亦無去

這本經典是講智慧的成就，般若波羅蜜多大智慧的成就，而成佛的方法及路線，由須菩提提出來問，佛說明了一個入門的方法——「善護念」，就是《金剛經》的要點。真正的修養，不管在家出家，只有三個字，「善護念」。任何人成了佛的時候，都有十個名號，譬如佛、世尊、如來、善逝、無上士等等，都是他的名號之一。「如來」是個通稱，任何一個成了佛都稱如來。佛教到了中國以後，我們一般的觀念就把它加起來稱，叫作如來佛。

如來本來就是佛，佛就是如來，不同的名稱而已。

為什麼成了道的要稱如來呢？如果先拿文字來研究，「如」是好像，「來」是來了，好像來了。他實際上不來也不去。以人世間來去的現象，說明本體道體的作用，就是好像來了，沒有來。

譬如電燈、電風扇，把開關一打開，這個電來了，但是看不見電，只感覺到光，感覺有風，電來了沒有？來過了，好像沒有來，它又消散了。電去了沒有？去了，好像沒有去，再發動它又來了，它是不來也不去，不生也不死。如來是眾生本體自性，道體的一個現象。譬如人有喜怒哀樂，有思想有妄念，我們在座的人至少有二十年以上的人生經驗，甚至有六七十年的人生經驗。我們一生都經過太多的悲歡苦樂，得意與失意，痛苦與煩惱。但是，當我們此刻坐在這裡的時候，那些煩惱，那些一切，都整個沒有了，再也沒有了。去年的事沒有影子，不要說去年，昨天的事情已經沒有影子了。可是有沒有昨天的事？有沒有十幾歲時的事呢？都有，好像來過了，「如來若來若去」，你說沒有來過，的確來過，幾十年人生所做過的事，你說做過沒有？「若來」！好像來過，可是現在都沒有了，昨天的事，做夢一樣過去了。昨天的事走了沒有？「若去」！好像走了，好像又沒有走，一想，又在眼前。

如來這個名號，也就是說明心性本來的那個現象，這個現象就是佛經所講的相，也就是心相，心性起作用的一種現象。我們再縮小一點來說，第一分鐘一個人開始講話，我們大家聽到沒有？「若來」，好像來過了，每一句話聽過了，又過去了，「若去」，好像走掉了，他再說，又來了，但這個本體如如不動。所以佛經說的是形容，當我們證到修養到那個境界，幾乎近於清淨空相的時候，如如不動。好像不動，沒有真不動，假使真不動，那就是個死東西了。

自性本身，也就是說真如本身是活潑潑的，只能形容是如如不動。這個如字，在佛法裡經常看到，像「如夢如幻」，像「真如」，文字倒轉就是「如真」，好像是真的。你如果執著了一個真的，那就落在執著上，執著就是妄念，又是錯誤。所以「真如」好像是真的；「如來」是對佛法身的稱呼。

一切眾生與佛，都有法報化三身，法身是自性的本體，等於剛才我們的一個比方，虛空中都有電，是宇宙間的能量變化，你手碰虛空並不會觸電，待因緣成就，一磨擦就發電，因為它本來在虛空中存在。「如來若來若去」，法身是不生也不滅，所謂不生不滅也就是不來也不去，不死也不生，它是永恆，好像永遠是常在，這是說法身。

報身，就是我們現在父母所生之身，也可以說是化身。我們大家學佛修道的，有些人開悟了，有些人得定，有些人燒出舍利子了，那充其量不過是法身成就，報身沒有轉。得到了報身成就，轉成圓滿報身時，不但可以無病無痛，更完全變成色界天人之身。但是圓滿報身的修持，還不是一般打打坐修修法就可以的，要悟後再起修，這是另一條路線。修成了圓滿報身以後，就有千百萬億化身，現在這個肉身，就可以化很多身出去了，其實三身只是一身。

菩薩的化身有千百類，很多菩薩化身異類眾生。所以我經常說，吃牛肉小心啊！說不定吃了一個牛菩薩，因為菩薩要去教化牛，所以化身成牛。

如來的境界

法身怎麼來的呢？你們大家在參話頭，這個思想哪裡來？哪裡去？「無所從來，亦無所去，故名如來」。你為什麼去管思想？它來的時候，冒然而來；去的時候，冒然而去。所以大家打坐的時候，拚命想把妄想空了，你看，多傻啊！傻得像金剛一樣，顛撲不破的傻。人家金剛般若波羅蜜，我們傻得像般若波羅蜜的金剛，笨得要命，你為什麼除妄想？妄想本來空的呀，「無所從來，亦無所去，故名如來」，留也留它不住。哪個人把思想留住了？你說我覺得痛苦煩惱，你不是說傻話嗎？昨天的日子早過去了，昨天的煩惱早沒有影子了，現在坐在這裡不煩惱嘛！你現在很煩惱，等一下就不煩惱嘛！不可能永遠煩惱，煩惱並不停留；換句話說，清淨境界，也並不停留。所以有些人做工夫，偶然坐一堂清淨，然後下了座，兩腿一放，哎唷，清淨跑了。清淨怎麼跑得了呢?「無所從來，亦無所去，故名如來」，清淨根本沒有跑，是你理解見地不夠清楚，所以覺得工夫跑掉了。有的人說，工夫來找我，什麼叫工夫啊?「無所從來，亦無所去，故名如來」。你如此懂了，無一刻不在清淨中，由此起修，慢慢到達三身成就。

關於三身，前面也曾說過，法身就是如來，報身就是世尊，化身就是佛。拿理論的道理說，法身是體，報身是相，千百億化身是用，就是體、相、用。萬事萬物都有它的體、相、用。我們曉得這個道理以後，現在大家說修行、學佛，要找名師呀，拜師傳一個密法呀……不必要的啊!佛沒有保留的都說了啊!一個成道的人如果有保留，要你鈔票送得多，頭磕得夠了才傳給你秘密，那你千萬不要去碰，至少我是不會去碰，因為他作人的道德還不夠嘛!真正的道，是天下之公道，沒有什麼秘密，什麼上天有忌諱啊!不能妄傳啊!都是胡說。

道是天下人的東西，有人認為，壞人不應該度，光度好人，好人何必要你度呢?他本來就是好人嘛!佛來度佛幹什麼?佛是到苦難的地方去度化眾生，去教化難度的眾生。所以佛把道都告訴你了，修持的方法，這本經上都有。現在，我們加上許多囉囉嗦嗦的說明，是說明心理狀況，不要著相。

有許多人學了佛，受了宗教儀式的困擾，看了經上這一句，「若有人言，如來若來若去」，不免有時會夢到佛，那個佛啊！是躺著的臥佛。還有人問：老師啊，真的假的？我說真的呀！當然真的嘛，因為你夢到嘛！你現在還在說夢話，對不對？你在說夢話，我是清醒的人。

有人來說昨天他夜裡看到佛，我說當然真的嘛！因為他還在說夢話嘛！所以我們清醒人答覆他，是對付他那個說夢話的樣子。這個是什麼呢？要研究唯識才知道這是意識境界的影像。世上人做夢，隨便你做什麼夢，都是你一輩子做過、聽過、想過、看過的經驗，不會超出這個範圍。如果超越了這個範圍的夢，另當別論，那個道理就很深了；有時是你前生阿賴耶識那個影像，不是這個世界上的，是偶然帶過來的。

有人認為如來來了，昨天來看我，又是佛光普照我，現在沒有了。「若坐若臥」，有些看到是坐像，有些看到是臥像。佛說啊，你不要搞錯了，如果有人學佛這樣著相的話，「是人不解我所說義」，這個人根本不懂佛法，不理解佛所說的道理。

什麼道理呢？真的佛，法身之體，悟了道，證得法身之體，「無所從來，亦無所去」，不來也不去，不生也不死，不坐也不臥。你說那是個什麼境界？不要被文字騙過去了，那是個非常平凡的境界。什麼境界？就是你現在這個樣子。你現在這樣，不坐也不臥，不來也不去，現身就是佛，既沒有動壞念頭，也沒有生好念頭，此心平平靜靜，不起分別，當下就在如來的境界裡。你不要把佛的境界假想得那麼高遠，其實是非常平凡的。如果我們拿《金剛經》的這一段，用儒家《中庸》這一本書來講，就是：「極高明而道中庸」。「天命之謂性，率性之謂道，修道之謂教，道也者，不可須臾離也，可離非道也」。

道是怎麼樣呢？「極高明而道中庸」，最平常，不來也不去，就在這兒。我們現在了解了這個道理，再來看一個真正學佛修持的人，要怎麼用功才對呢？不用功即用功，你加一個功去用，就是著相。我們經常觀察自己的煩惱、心行，不來也不去，不坐也不臥，不生也不滅。前一個念頭沒有了叫作滅，後面一個念頭來了叫作生，生出來的東西一定有滅亡，滅了以後就沒有了嗎？不是斷滅相，它又會生。生生滅滅，如水上的波浪一樣，波浪儘管在動，動了以後那個波浪又一個個散了。儘管波浪看不見，全體的波浪是水變的呀，水沒有動過，還是那麼多，不多也不少，永遠在那裡。

我們用各種方法修持，都是拚命要弄平自己心中那個波浪，想盡辦法要讓那個波浪變平，變平了又怎麼樣？變平了還是水；不平呢？不平也是水。所以說，拚命去弄平，這不是自找麻煩嗎？對不對？是不是這個道理？我想是這個道理。你仔細想想看，你的想也是「無所從來，亦無所去」，它本身就在如來清淨的境界。這個是般若的眼睛，所以我們給它的結論是這樣的：

第二十九品偈頌

安排擺佈祇為他　身外無心不著磨
若向畫眉深淺看　迷人豈止髻堆螺

「安排擺佈祇為他」，修道的人用各種方法修持，盤腿打坐，念佛，各種的安排。想修道就是做安排，不修道的人呢？則任由煩惱痛苦隨時指揮擺佈，念頭、思想「安排擺佈祇為他」。

「身外無心不著磨」，如果我們曉得這個身體是假的，暫時借來用的一個工具，向爸媽借來用幾十年。真到了無心之處——什麼叫無心呢？一切妄念來不理，它本來是水上的波紋，又何必理它呢？不理就不受這個虛妄心理的磨（魔）障，這都是假的，這樣威儀自然寂靜。如果我們不了解自己心性的本來，不了解思想、感情都像水上的波紋一樣是假的，就會被水上的波紋騙去了，而忘記了自己水的本性。

「若向畫眉深淺看」，一般人都被深淺騙住了，畫眉深淺，迷人髻堆螺，這是唐人的詩，畫眉深淺入時無。一個新娘子新婚第二天對鏡梳妝，問新郎官，我這個眉毛畫得好不好呀？顏色是淺一點呢？短一點呢？翹一點還是低一點？合不合時代？現在的畫眉有些是翹的，有的還塗上咖啡色、紅色的，燈下一看，喝！羅剎國來的那個樣子，真是紅眉毛綠眼睛的那麼搞。唐朝的人喜歡印黃，額頭裡弄一塊黃顏色，現在一看都是黃疸症，唐人以這個為時髦。等於印度女人喜歡眉間額上挖一個洞，從小就挖，然後嵌一顆珠子，世界上各種怪樣子都有。畫眉深淺入時無，這些詩看起來像黃色，其實蠻老實，是說一個讀書人一輩子找不到工作，因為不合時宜，最後是聽人家勸告，學著跟時代走。所以說你看看！我現在合時不合時？就是「畫眉深淺入時無」這一句的本意。

「迷人豈止髻堆螺」，古人梳長頭髮，盤到頭頂上一個髻子，堆起來像顆螺螄一樣，很好看，也有些像捏饅頭一樣，堆在一堆高高的，很多人看了這個頭髮，傻了，著迷了。其實啊，什麼叫作美？不是男女之間的色相就叫作美啊，這些境界就把你騙住了，物理世界的一切慾望就騙住了你，世界上沒有哪一樣東西不迷你的，都在騙你，都在受騙。為什麼？因為認不得自己自性如來，只看見那個水上波紋，被波紋騙走了。認清楚了波紋，就知道感情、思想都是不去也不來，此心本來清淨的，你也就少上當，你就金剛般若波羅蜜了。

第三十品　一合理相分

須菩提。若善男子。善女人。以三千大千世界。碎為微塵。於意云何。是微塵眾。寧為多不。須菩提言。甚多。世尊。何以故。若是微塵眾實有者。佛即不說是微塵眾。所以者何。佛說微塵眾。即非微塵眾。是名微塵眾。世尊。如來所說三千大千世界。即非世界。是名世界。何以故。若世界實有者。即是一合相。如來說一合相。即非一合相。是名一合相。須菩提。一合相者。即是不可說。但凡夫之人。貪著其事。

說到如來自性之相，下面重要的問題來了，講到如來法身本體，讓我們先了解一件事情。

碎為微塵之後

須菩提。若善男子。善女人。以三千大千世界。碎為微塵。於意云何。是微塵眾。寧為多不。

現在佛又提出一個物理世界的問題了，他對須菩提講，假使有一個人，不管男人女人，把這個佛世界，這個三千大千世界，整個的宇宙打碎了，變成灰塵，你想想看，這樣的灰塵，數量多不多？

須菩提言。甚多。世尊。何以故。若是微塵眾實有者。佛即不說是微塵眾。

須菩提回答說，那多得很。佛說，什麼理由呢？佛說我告訴你，假使這些灰塵，這些物質世界的分子，乃至電子、核子，這些物質東西是真實永恆存在的話，那我不會告訴你世界上有灰塵。這些灰塵累積起來就變成大地、山河，變成物質世界。

佛這個話是轉一個彎說的，實際上是說，物質世界的物質，如果經過一個科學家來處理，把它分析到最後，變成核子、電子、原子等等，最後是空的。是空的力量形成了這樣大的威力，但最後是空的。真正高等物理科學家，了解這個東西，所謂原子，分析到最後，空了。這個空並不是沒有，那個力量大得很，原子炸彈爆炸起來，空的威力發起來有那麼大的力量！所以佛在這裡講，「若是微塵眾實有者」，如果你認為真的有個微塵，我不會講微塵眾，因為根本沒有塵，一切都是由空所形成。

所以者何。佛說微塵眾。即非微塵眾。是名微塵眾。

又來了，又是三段的講。所謂物理世界那些電子呀，原子呀，那是假名，是那個作用構成了這麼一個物理的東西。但是微塵最微小、最基本那個東西，還不是它的究竟；它的究竟分析，研究到最後，沒有東西，是空的。這個物質世界的外層，虛空的這個空間，比太陽的體積，地球的體積，以及虛空任何的體積還要大！是空的力量凝結，而變成了物理世界。

世尊。如來所說三千大千世界。即非世界。是名世界。

須菩提說：那麼我懂了。你剛才問的問題，佛啊！你的意思是說，這一個三千大千世界，也是個假名，是偶然的暫時存在，實際上沒有一個永恆的實質存在，物質世界也會變，也會滅掉。

等於我們現在這個樓上，勉強把它湊起來，擺了些椅子，坐了些人，裝了些電燈、冷氣機，湊攏來叫作講堂。所謂講堂者，即非講堂，是名講堂。這是偶然暫時湊合的，這是不究竟，不實在的；因為明天可以把它變成電影院，所謂電影院者，即非電影院，是名電影院，就是這麼一回事。一切物質世界，都是這樣假有的湊合。

所以大家不要被世界呀、家庭呀，這些苦惱困住了。所謂家庭者，即非家庭，是名家庭；所謂人生者，即非人生，是名人生，同一個道理。

下面一步一步，佛緊接著來講了。

什麼是合相

何以故。若世界實有者。即是一合相。

什麼理由呢？佛說你說的對呀！但是什麼理由呢？我告訴你，假定真有一個世界存在，永恆不變存在的話，就是一合相，是兩樣東西合攏來不變了。

這個問題大了！佛沒有說錯一句話，鳩摩羅什翻譯「一合相」這一下子完了，後世佛法裡，裝模作樣，牽強附會的人多了。有些密宗的修法，還要修一合相。還有些人主張，不一定要出家，要陰陽合一的一合相，才能修得成功，才是佛說的一合相。所以研究《金剛經》，這句話是一個大問題。到底什麼是一合相呢？

你到海鮮店去吃飯，那個大蚌，兩殼合攏來，也是一合相；兩個金屬品化合了分不開，也是一合相；我們身上的衣服，三分塑膠，七分棉紗合起來織成的，也是一合相；人的血、骨頭、肉，凝合起來，也是一合相。這個一合相只是物質世界的現象。

事實上，物質世界不停的在變。譬如這個山，看起來好像不動，風一吹，灰塵都吹到山上，它慢慢會長大，只是我們的眼睛看不見而已。當然也不會有人那麼傻，一歲的時候去量一下，六十歲的時候再去量，看這個山長多大了。如果真有這麼一個科學家，真去量一下，那就是傻人，但他曉得這個山，二十年來也大了幾寸或幾尺。山在變動，也在長大，也在毀滅。

所以這個一合相的世界，假使真有的話，幾千萬億年以後，也變成空，由空再變成有。所以他說：

如來說一合相。即非一合相。是名一合相。

一合相是假有，這是一句話，是一個名辭，沒有不變的東西，不變只是個理念。

但是有沒有一個一合相？你說這個世界空的嗎？現在天氣熱了，你硬是感覺到天氣熱，冷氣一開，硬是涼快。人經常說人生如夢，好像夢就是沒有，這個觀念、思想是錯誤的。夢不是沒有，夢是有，偶然的、暫時的、片面的。心理學研究顯示，最長的夢沒有超過五秒鐘的。人睡著做了一個夢，夢見從小長大，經過了多少事，直到最後自己死了，醒來眼淚流濕了枕頭，夢中經過幾十年光陰，實際上只有三秒鐘。

夢中的時間、空間是相對的，愛因斯坦也了解到時空是相對的。我們在地球上過半個月，月亮上只是一夜，這個世界上一年，太陽裡只是一晝夜。還有其它世界，我們過一百年，他們才過了一晝夜，我們人的一晝夜，卻是許多小生物的萬世萬生，死了又生，生了又死，千百億化生不曉得過了多少時間；所以宇宙間任何星球，時空都是相對的。

須菩提。一合相者。即是不可說。但凡夫之人。貪著其事。

他說有沒有一個世界真是一合相呢？有，但是佛說那是不可說，沒有辦法讓你理解的。因為你們不懂，也沒有辦法懂，而且也說不得，一說之後，一切凡夫就貪著這個事情。所以啊，密宗、道家，許多都把這個一合相用邪門外道的眼光去看，去解釋了。

實際上是什麼道理呢？是真空可以修成妙有的道理。

第八識和種性

講到這裡，我們就要研究般若，要研究般若就要研究唯識，不然對於專門講性空道理的性宗，就迷糊了。性空的道理一搞迷糊，學佛落入錯誤的知見，那是一個斷滅見的空，把空當成什麼都沒有，那是邪見。空是一個境界，講心性之學，講般若，在《金剛經》中只用一個心，就代表了一切。唯識宗法相宗把這個心分析來講，變成八個識，叫作八識。

八識中的第六識是意識。意識，我們容易懂，就是我們心理上思想所起的作用，也就是意識狀態。做夢也是意識背面的一部分，心理學叫作下意識。在唯識學上，夢是屬於獨影意識的作用，獨影意識還有其他很多的作用。第八部分阿賴耶識包括了現在、過去、未來的時間與空間，也包括了過去的因、種子和未來的種性，這就是三世因果的學理基礎。

同一個父母生下來的兄弟姊妹，每個人個性不一樣，因為父母的遺傳只是一小部分，其餘的是自己帶來的前生的種性、習氣、習慣。這個重要的部分是第八阿賴耶識最重要的種子帶來的。這個種性作用叫作阿陀那識，關於這一點，佛在《解深密經》上有一首偈子：

阿陀那識甚深細　一切種子如瀑流

佛法的很多經典都是講空，尤其是《般若經》。而在法相、唯識的部分，卻不從空來講，而從現有的現象來說明，教育方法路線也不相同。因此在《解深密經》說到心的本來，心的第八部分——阿陀那識的作用時，佛說，你要研究起來，非常難懂，非常深，非常細密，它像那個瀑布，或者像長江裡的流水，看起來千年萬年，水始終在流，實際上浪頭流過去了，就不會回來。

我們剛剛看到前面的這個浪頭，馬上流過了，未來的浪頭又接上來，「過去心不可得，現在心不可得，未來心不可得」。物理世界同我們心理世界是差不多的。

你看流水一個一個浪頭，乍看像固定存在，實際上沒有固定存在，每一個浪頭是每一個水分子點滴構攏來的。假使把這個浪頭水分切開，它也就沒有水了，連帶的瀑布也不能形成了。可憐我們沒有辦法看到，而所能看到的，永遠是浪頭。也像電燈打開開關，第一個電源一來，磨擦發了光，又馬上消散了，接著第二個又上來，我們看到的永遠是一個亮光，實際上，過去電不可得，現在電不可得，未來電不可得，不可得也不可得。可是它有電，所謂電者，即是非電，是名為電。

心念如瀑流

我們的心理狀況也是這樣，一個念頭接一個念頭，活了幾十年，一切種子如瀑布一樣在流。實際上當我們一出娘胎的時候，第一個念頭已經死亡了，第二個念頭又死亡了……你看八點鐘開始，每一分，每一秒，每一個觀念都在過去。過去不可得，未來怎麼講，我還沒有想它呢！也是不可得。剛說現在，現在已不可得，現在就沒有了。但是你說沒有嗎？它那股力量硬是存在。一切種子包括了過去、現在、未來，聰明愚笨，善與惡。善人把善的種子引發了，慢慢再把惡的種子轉變成善的，成為至善之人。這就是「修一切善法，即得阿耨多羅三藐三菩提」。

如果你把惡的心念發展下去，善心被它感染了，善心也變成不善的心了。所以說，「一切種子如瀑流」，像瀑布一樣在流。瀑布並不是沒有啊，是有的，「滾滾長江東逝水，浪花淘盡英雄」，它永遠在流。所以佛說「我於凡愚不開演」，因為智慧不夠的人，不敢對他講這個東西。

你說無我，有一個真我，這個真我沒有辦法加一個名辭，如果加一個恆常不變，就曲解了恆常存在的意義。所以「我於凡愚不開演」，怕一切眾生的智慧不夠，會用分別心，用世間法的觀念來看這個「如瀑流」的種性，抓住了，以為生命有個真的我，那反而錯了。

生命的無我之相，是破除眾生抓住小我之相的錯誤；小我之相就是每一個浪花，每一個水分子。能夠把小我之相修持到純淨、空相，才可以找到生命的本來，那是「無所從來亦無所去」，然後它可以起一合相的作用；什麼一合相呢？真空可以生出一個妙有。

真空如何生妙有

首先要把身心兩方面轉化，光修心性也不行，因為我們的色身也是阿賴耶識的一部分，就是「心」的一部分。修一切善法，把它統統轉化了，可以產生一合相。所以佛菩薩的真正成就，是三身成就：清淨法身，圓滿報身，千百億化身，三身是一合相，就是體、相、用三位一體。

但是，你如果真執著了這件事，也錯了，因為著相了。四大本來皆空，但是四大並不是壞東西，它也是自性本體功能所變的。四大皆空是講它的存在不永固，你如果證到了法身，到了三身成就，也可以使這個假有的四大，偶然的四大，延長其存在。

所以佛說「一合相者，即是不可說，但凡夫之人，貪著其事」，就像他說阿賴耶識：「我於凡愚不開演，恐彼分別執為我」的道理一樣。

佛經的翻譯，凡夫就是平凡的人，也就是指我們一般人。一般人的習慣都要抓東西，活著的時候總要抓住東西。道家所講的握固，說明小孩子生下來都是揑住拳頭，抓得很牢，活的時候手都是彎彎的，到死的時候才完全放開。

所以說，凡夫之人都是天生的「貪著其事」，都要抓，抓得很牢，因此佛說「不可說」。我們給它的結論偈子：

第三十品偈頌

塵沙聚會偶然成　蝶亂蜂忙無限情
同是劫灰過往客　枉從得失計輸贏

「塵沙聚會偶然成」，這個世界是一顆顆沙子堆攏來，偶然成功的世界。人生也是這樣，父母、丈夫、太太、兒女，也是塵沙聚會偶然而成。

「蝶亂蜂忙無限情」，這個塵沙堆攏的世界一形成，很好看的，那麼多的花朵，構成了自然的美。蝶亂蜂忙，人們就像蜜蜂蝴蝶一樣，在那裡亂飛亂鑽亂忙。前面我們也提過，唐末的羅隱有一首詩，形容人生的癡，像蜜蜂一樣。

不論平地與山尖　無限風光盡被占
採得百花成蜜後　為誰辛苦為誰甜

蜜蜂一天到晚忙碌採花釀蜜，為誰辛苦為誰甜。如果喜歡吃蜂蜜的話，拿起那一瓢蜜就要唸一下，然後說，為我忙！咕嚕把它吞下去，那就對了，有了答案了。可是蜜蜂自己沒有答案，「採得百花成蜜後，為誰辛苦為誰甜」，人生都是如此，忙了一輩子，為兒女呀，為家庭呀，忙到老死，最後嘛，眼睛一閉像那個蜜蜂一樣，為誰辛苦為誰忙，不知道，找不出答案。

所以我們說，蝶亂蜂忙，明知道人生是空，個個都看得清楚，可是還是捨不得呀！還有無限情，自己無限的感情。有時候看這個世界上的人真好玩，很多人反對打牌，但是自己一輩子就坐在牌桌上而不自知。不過打牌人人不同，有些人把寫文章當牌，一天勾著頭，脖子都歪了，像打麻將一樣的寫文章，他也在賭啊！寫詩的，作文章的都一樣，都是在賭。這個世界就是一個大賭場，誰賭贏了？誰賭輸了呢？只有當東家的老闆賺了錢，其他的人都輸光了。贏的也輸，輸的也輸，這個世界就是這麼一回事。所以我們了解了人生，「一合相即非一合相」。

「同是劫灰過往客」，我們的這個世界是個劫灰，前一劫燒成灰了，這一劫重新再來，所以叫劫灰。人生在這個世界上，像是住旅館一樣，過往之客，有生就有死，有死再有生，同為劫灰過往客。

「枉從得失計輸贏」，人生在世，誰對誰錯？誰贏誰輸？都差不多，最後都是沒有結論的走了。假使以佛法來看人生，都是沒有目的的來，沒有結論的回去。「無所從來，亦無所去，故名如來。」

第三十一品　知見不生分

須菩提。若人言。佛說我見人見眾生見壽者見。須菩提。於意云何。是人解我所說義不。不也。世尊。是人不解如來所說義。何以故。世尊說我見人見眾生見壽者見。即非我見人見眾生見壽者見。是名我見人見眾生見壽者見。須菩提。發阿耨多羅三藐三菩提心者。於一切法。應如是知。如是見。如是信解。不生法相。須菩提。所言法相者。如來說。即非法相。是名法相。

見不是見

須菩提。若人言。佛說我見人見眾生見壽者見。須菩提。於意云何。是人解我所說義不。

佛講到這裡，先問須菩提，假使有一個人說，佛說的，「我見、人見、眾生見、壽者見」，對不對？佛經上都講四相，這裡又轉一個方向，提出來的不是「相」，而是「見」。「相」就是現象；「見」是自己的思想見解，是屬於精神領域。所謂見解，就是現在新觀念所謂的觀點，都屬於見。所以禪宗的悟道叫作見道，要見到道，不是眼睛看見啊！《楞嚴經》上講見道之見，有四句話：「見見之時，見非是見。見猶離見，見不能及」。

你看這個佛經，討厭吧！都是什麼見呀見的。第一個見，我們眼睛看見的見，心與眼看見。第二個是見道的見，換句話說，第一個見是所見之見，第二個是能見之見。我們眼睛看東西，這是所見，這是現象。所見回過來，自己能夠見道，明心見性那個見，不是所見之見，不是眼睛能夠看見一個現象，或者看見一個境界，那不是道啊！

所以「見見之時」，自己回轉來看到見道之見，明心見性那個見的時候；「見非是見」，這個能見，見道的見，不是眼睛看東西所見的見，故說「見非是見」。那麼能見道的見，難道還有一個境界嗎？「見猶離見」，當眼睛也不看，耳朵也不聽，一切皆空以後，說我見道了，有一個見存在，還是所見，這個見還是要拿掉，見猶離見，還要拿掉，空還要空下來。「見不能及」，真正明心見性的見，不是眼睛看見的見，不是心眼上有個所及，能見的見。說了一大堆的見，多麼難懂啊！

告訴我們明心見性之見，可不是看山不是山，看水不是水，青蛙噗咚一聲跳進水……要一切見無所見，一切山河大地，宇宙萬有，都虛空粉碎，大地平沉，那可以談禪宗了，明心見性有點影子了。記著！還只是一點影子啊！

《楞嚴經》上也有幾句很重要的話：「知見立知，即無明本，知見無見，斯即涅槃」。知與見，後來是佛學一個專有名稱，知就是知道，把佛經道理都懂了的這個知。見，也看到過這個現象、境界，就是知見。道理懂了，你去修行打坐，坐起來一切皆空，可是有知性，也知道自己坐在那裡很清淨；但是有一個清淨在就不對了，「知見立知，即無明本」，就是無明的根本。有一個清淨就會有一個不清淨的力量含藏在裡面，就有煩惱的力量在了，所以「知見立知，即無明本」。要「知見無見」，最後見到空，「斯即涅槃」，可以達到見的邊緣了。

知即無明本

從前有好幾位大法師就是看經典走禪宗的路線，後來就悟道了。所以學禪不一定是打坐參禪，不一定要打坐參公案、參話頭。宋朝溫州瑞鹿寺有一位遇安禪師，天天看佛經唸佛，他看到前面這一段，忽然心血來潮，把原來的句子「知見立知，即無明本。知見無見，斯即涅槃」，改了標點，變成「知見立，知即無明本。知見無，見斯即涅槃」。自己因而大澈大悟。後來他自稱「破楞嚴」，改了圈點破開來讀以後，自己忽然開悟了，大澈大悟，明心見性。「知見立」，有知有見，有個清淨有個覺性，「知即無明本」，這一知，本身就是無明本，就是煩惱。「知見無」，一切皆空，理也空、念也空、空也空，「見斯即涅槃」，見到這個就是悟道了。這是他悟了道，自己楞嚴破句，就懂進去了。

現在我們說明了這個道理，說了半天，不要把話轉開了，「說我見、人見、眾生見、壽者見」；前面都提四相，「我相、人相、眾生相、壽者相」，中間也提過，「若以色見我，以音聲求我，是人行邪道，不能見如來」。到這裡，忽然一轉，提出「見」，不提出相。相是現象，茶杯是現象，毛巾是現象，書本也是現象，我也是現象，他也是現象，你也是現象，山河大地一切房子都是現象，連虛空也是現象，清淨也是現象，睡覺也是相，做夢也是相，醒了也是相，一切現象都是生滅變化。

所以有些人天天打坐，問他好嗎？好啊！好清淨。著相！著清淨之相。相不是道，道不在相中。「知見立，知即無明本，知見無，見斯即涅槃」。你要立一個清淨是道，再加上背部督脈通了，前面任脈通了，拿水龍頭一開灌進去，都通了，那不是成道，那都是著相。一著相，「知見立，知即無明本」；要「知見無，見斯即涅槃」。

所以現在告訴你知見之見是什麼，他告訴須菩提，假使有人說，我提出「我見、人見、眾生見、壽者見」，你說說看，那人了解我所說的意思沒有？他這個人還算真正學佛，懂了佛法嗎？

不也。世尊。是人不解如來所說義。

須菩提說，那不對的，這個人雖然學佛，根本不通啊，不懂佛法的道理。

何以故。世尊說我見人見眾生見壽者見。即非我見人見眾生見壽者見。是名我見人見眾生見壽者見。

那麼須菩提也跟著說，您現在提出來一個假定的問題問我，我見、人見、眾生見、壽者見，見道之見，這只是一個講話上的方便。假設有這麼一個見處，一個明心見性，見道之見，那也只是一個表達的方法而已，一個揭穿真義的名辭而已。實際上啊，明，無可明處；見，無可見處，所以叫作

「我見、人見、眾生見、壽者見」。

如是知見

須菩提。發阿耨多羅三藐三菩提心者。於一切法。應如是知。如是見。如是信解。不生法相。

佛告訴須菩提最後的結論，你要注意啊！真正學大乘佛法，發「阿耨多羅三藐三菩提心者」，想求得大澈大悟的人，「於一切法」，包括世間法，出世間法，「應如是知」，要知道《金剛經》這些一層一層的道理；「如是見」，要有這樣一個見解，所以有知有見。

知見兩個字，再加一個說明，一切大小乘的佛法，尤其是小乘的佛法，是戒、定、慧、解脫、解脫知見，五個次序，按次序來修行。先守戒，再修定，再由定發慧悟道。真的悟道了，解脫一切苦厄，但是解脫的最高程度，仍是物質世間一切的束縛。當這些欲界、色界一切的煩惱、情感都解脫光了以後，還有個東西就是心性的所知所見，這個知與見仍要解脫，最後要徹底的空。剛才舉出來「知見立，知即無明本，知見無，見斯即涅槃」；這裡也講，發大乘心，想由凡夫修道而成佛，應該對一切法，「如是知，如是見」。

如是怎麼知？怎麼見呢？所謂佛法者，即非佛法，是名佛法；那麼所謂外道者，即非外道，是名外道；所謂魔鬼者，即非魔鬼，是名魔鬼；所謂我者即非我，是名我。就是這一套！「一切」，整個歸納起來，空有都不住，無住、無著，所以「於一切法應如是知，如是見」。

你理解了，也見到了這個道理，「如是信解」，理性上清楚了，才是不迷信。如果佛法的教理都沒有弄清楚，情緒化跑來學佛參禪，全體是迷信！所以把知見搞清楚了，如是信，才是正信；如是解，正信以後，由這樣去理解它，這才是理性的。學佛修道是理性的，不是情感的，不是盲目的迷信，是理性的「如是信解」。

我們自己的法相

為什麼說「不生法相」？為什麼不說不「用」法相，或者不「住」法相，不「著」法相，不「落」法相呢？這些字都不用，而用不「生」法相，這是有區別的。

首先我們要了解什麼叫「法相」？就是一切的現象，觀念也是現象，是意識思想構成的一個形態。每個人意識裡都有自己一個構想、幻想，幻想久了，變成牢不可破的一個典型，自己就把它抓得牢牢的。這個就是意識思想境界裡的形態，在佛學名辭裡叫作法。法包括了一切事、一切理、一切物、一切思想觀念。

譬如大家認為大澈大悟，一片光明，都在清淨光明中，在一般人心目中，下意識已經構成一個形態，認為悟了道打起坐來，大概內外一片光，連電力公司的發電機都可以不要了。把光明看成電燈光、太陽光、月亮光那樣，下意識的構成法相，構成一個形態在那裡。

又譬如說，悟道以後，大概什麼都不要，什麼也都不相干，一切一切都不管，跑到古廟深山，孤零零的坐在那裡，就以為成佛了。如果成了這樣的佛的話，世上多成一千個佛對我們也沒有關係；山裡早有的是佛，許多石頭、泥巴擺在那裡，從開天闢地到現在，都可以叫作佛。反正它們對一切事物，一切出世入世的一概不理。換句話說，那是絕對的自我，看起來很解脫，一切事物不著，實際上是自我，為了自我而已！認為我要這樣，因為他下意識的意識形態有了這個法相。

一般人打坐入定什麼都不知道了，那不是佛法，那是你的意識形態，是你造作了這個法相。乃至於說一切空了就是佛，空也是個法相，是個現象。有些人任督二脈打通了，奇經八脈打通了，河車大轉，也都是法相。我經常問：你轉河車，轉到什麼時候啊？不要把自己轉昏了頭。你轉轉……總有不轉的時候吧？轉到什麼時候才不轉呢？任督二脈打通了，通到哪裡去呢？通到陰溝裡去嗎？還是通到電力公司？還是通到上帝菩薩那裡？你都要搞清楚啊！可是我們許多人，不知不覺的都落在自我的法相裡了。自我意識形成一個道的觀念，一個道的樣子，一個道的模型。

由此我們就明白，為什麼世界上的宗教，因民族不同國家不同，所畫的天堂也都不同。我們的天堂是穿大袍子古代帝王相的人，一切房子都是中國古時候的。西方人的天堂是洋房，他的神和上帝也是高鼻子藍眼睛；阿拉伯人畫的另有不同。所以說，天堂是根據自己的心理形態構成的，誰能去證明呢？這些都是自己心理下意識構成的法相。

佛法唯識宗也稱為法相宗，法相宗是先從現象界開始分析研究，現象界也就是世間一切事，所謂的一切法。最後研究到心理狀態，研究到心性的本來，以至於證到整個宇宙。也就是說，法相宗從現有的人生，現有的世界的相，加以分析，歸之於心，然後返回到形而上的本體。如果套一句佛學的名辭來講，這是從自己的身心入手，進而打破了身心，證到形而上的本體。

華嚴宗不同於法相宗，是先從形而上的宇宙觀開始，從大而無比的宇宙，慢慢收縮，最後會之於心，是使你由本體而了解自己。普通的佛學，是由你自己而了解了本體，這是兩個不同的教育方法，我們必須弄清楚。這些不同的路線不同的方法，佛學的名辭就叫作法相，一切法相。

現在《金剛經》快要結束了，告訴我們一個道理，非常嚴重的道理，佛告訴須菩提，你想證得無上菩提大澈大悟而成佛，你應該這樣知道，應該這樣去看清楚，理解清楚，應該這樣相信，這樣去理解。怎麼理解呢？一句話，「不生法相」，你心裡不要造作一個東西，你的下意識中，不要生出來一個佛的樣子。每個人心裡所理解的佛，所理解的道，所理解清淨涅槃的境界，都各不相同，為什麼不同呢？因為是你唯心所造，你自己生出來的，是此心所生。

所以你不要自生法相，不要再去找，不要構成一個自我意識的觀念。譬如我們上同樣一個課，一百個同學中，各人理解的深淺程度都不相同，因為每人心裡自生法相，自己構成一個現象，都非究竟。這就是佛經上說，眾盲摸象，各執一端的道理。儘管瞎子摸象，各執一端，可是摸的那一端，也都是象的一部分，並沒有錯。只能夠說，每人抓到一點，合起來才是整個的象。要想完全了解整個大象的話，佛告訴我們的是「不生法相」，一切不著。下面，佛又推翻了這個說法。

我要過去　你過來

須菩提。所言法相者。如來說。即非法相。是名法相。

佛經所說的法相，根本就不是法相，所以叫作法相。這個話在《金剛經》上常說。道理在哪裡？那些都是教育上的方法。等於過河的船，目的是使你過河，已經過了河就不要把船揹著走，要趕緊把船丟下，走自己的路。

佛經三藏十二部，各種各樣的說法，有時候說空，有時候說有，有時候說非空非有，有時候又說即空即有，究竟哪一樣對呢？哪一樣都對都不對，要你自己「不生法相」。

講一個法相，包括了各種現象，譬如唯識宗，除了把心的部分分成八個識來講外，再把心理活動的現象，綱領原則性加以歸納，成為一百個法。如果詳細分析起來，當然不止一百個，可是後世一般人研究唯識，就鑽進去爬不出來了。這些人鑽到什麼境界裡頭了呢？鑽到「有」，鑽到一切法「勝義有」的法相裡去了。就像龍樹菩薩講般若拿空來比方，與法相唯識宗的教育方法不同，可是一般人研究般若，又落到「空」的法相裡去了。所以說，任何法相都不能住，都不是。

佛最後告訴我們，所謂法相，「即非法相」，那只是講話的方便，機會的方便，教育上的方便，目的是使你懂得。如果這樣不懂，他換另一個方法，總是想辦法使我們懂得。可是後世的人，把他的教育方法記錄下來以後，死死抓住他說過的那個空，或拚命抓個有，永遠搞不清楚。事實上佛交代得很清楚，一切不落法相。不落法相以後，大家反而都說《金剛經》是說空的，前面我們已經說過，經中沒有任何重點是教我們觀空，《金剛經》都是遮法，擋住你不正確的說法，至於正確的是個什麼東西，要你自己去找。

記得開始的時候，我曾經提到過禪宗的兩個公案，一個是兒子跟父親學小偷，對不對？還有一個是坐牢的那個公案，現在再說一個禪宗故事。有一個年輕人出家學佛求道，想要開悟，跟著師父幾十年。這位師父總是對他非常嚴厲，生活、行為都管得非常嚴。但是一問到佛法，師父總不肯說。這個人就像我們現在青年人學佛一樣，好像找到一位老師，馬上就有妙訣告訴他，傳你一個咒子囉，或者傳你一個方法，今天一打坐，明天就會飛了，就成佛了，自己意識中構成了這樣一個法相。這個人的心理也是如此。可是這個師父呢，問到他真正佛法時，就說：你自己參去！自己研究去！

他自己暗想，十二三歲出家，天天求佛道，搞了幾十年，這個老師嘛！是天下有名的大老師，是有道之士，跟著他卻辛苦得要命，佛法也沒有傳給我一點，心中真煩惱。有一天他想了一個辦法，帶了一把小刀上山，師父快要走這一條小路回來了，小路只能走一個人，他就站在路口等師父回來。那天下雨，山上路滑難走，他看見師父低著頭，慢慢走到了。其實他師父大概早知道這傢伙在那裡，他以為師父不知道，看到師父過來了，就一把抓住師父說：「師父啊，我告訴你，我幾十年求法，你不肯告訴我，今天我不要命了」，說著就把刀拿出來，「你再不告訴我佛法的話，師父啊，我要殺了你」。這個師父很從容，手裡還拿把雨傘，看他這個樣子，就用手一把抓住他拿刀的手說：「喂，路很窄，我要過去，你過來」，師父把他拉過來，自己就過去了。他聽到「我要過去，你過來」就忽然大澈大悟了。

我們大家參參看，「我要過去，你過來」，這一句話他就悟道了，這個理由在什麼地方？這個就是所謂禪宗公案。現在大家很難找出答案，我說的也不是真的答案，只能打個比方給你聽：我們大家學佛最困難，心中的煩惱，身體上的感覺，坐起來腿發麻，不坐時心裡煩惱不斷，很想求到清淨，清淨永遠求不到。煩惱不斷，自己問自己怎麼辦？你自己裡面的師父一定告訴你：「我要過去，你過來」，煩惱跑過了就是清淨，「過去心不可得，現在心不可得，未來心不可得」；「不生法相」，「應無所住而生其心」，就那麼簡單。所以說，我要過去，你過來，這一條路根本是通的，煩惱即是菩提，哪裡有個煩惱永遠停留在心中呢！你要是去想辦法把煩惱空掉，求個清淨，你不就是那個師父跟徒弟永遠堵在路上，走不過來了嗎？

你看人家的教育法很簡單，我要過去，你過來，也不理刀，也不理徒弟，這個徒弟就清楚了，就悟道了。可見他平常都在自生法相，都是著了一個佛的觀念，著了一個道的觀念。人生最怕是著魔，實際上，你學了佛法，學了道，把道跟佛法綑起來，你正是著魔了；著了佛魔，著了道魔，著了工夫魔，著了清淨魔。

清淨也是魔啊！所以禪宗祖師有幾句話：「起心動念是天魔」，什麼是天魔？是你的起心動念而已，你自己生的法相。「不起心動念是陰魔」，大家注意啊！很多人都落在這個魔境，光想打起坐來什麼都不知道，以為什麼都不知道是入定，那個是不起心動念，不起心動念落在五陰境界，是陰魔。「倒起不起是煩惱魔」，有時候好像很清淨，你覺得很清淨嗎？有時候又覺得心裡頭好像有一點游絲雜念，可是也不要緊，可是也迷迷糊糊，這個就是倒起不起煩惱魔，無明之魔。說什麼走火入魔！魔從哪裡來？魔完全是自心所造，沒有其它的東西。「起心動念是天魔，不起心動念是陰魔，倒起不起是煩惱魔」，如此而已。

佛學把魔境分析得很清楚，禪宗的大師們是用歸納的方法，非常簡單扼要告訴你。實際上，這些心理的狀況，這些境界，都是自生法相。由此更進一步說，我們佛學越學多了，唯識研究到最後，佛經三藏十二部都學了，你越學得多，越被法相的繩子綑得緊，都是著了法相。所以在快要作結論的時候，佛告訴我們，「不生法相」才是最究竟。我們給它的結論偈子：

第三十一品偈頌

九霄鶴唳響無痕　泣血杜鵑落盡魂
譜到獅絃聲斷續　為誰辛苦唱荒村

這是一個感想，在座的人，要是到過西北和中國的高山，或到過青城山峨嵋山，可能會聽到白鶴的叫聲。中國文字很妙，雞叫是啼，鳥叫是鳴，虎叫是嘯，表示不同的聲音形態；白鶴叫稱為鶴唳。白鶴是在高空叫的，聲音像打鑼一樣，傳得很遠，所以這個鳥與其他的鳥特別不同。

「九霄鶴唳響無痕」，就是說，佛的說法像九重天上的白鶴，叫聲響徹雲霄，要叫醒世界上所有人的迷夢。但是，我們有沒有被他叫醒呢？世界上許多人是叫不醒的，想一想真夠傷心。結果千里迢迢去學佛，不論在家出家，都變成杜鵑鳥一樣。

「泣血杜鵑落盡魂」，據說杜鵑是上古一個因亡國而傷心到極點的帝子，因為天天哭，後來他的精魂變成杜鵑鳥，還在哭，哭到最後眼睛流血，滴在泥土上變成現在的杜鵑花。杜鵑另有很多的名字，也叫杜宇，也叫帝子，就是蜀國皇帝的兒子。我們後世學佛學道的都是杜鵑，拋家棄子專心學佛，到最後，道的影子都沒有看到，只怪自己沒有遇到明師，沒有碰到佛，沒有得到法。其實佛法是最平凡、最簡單，佛在《金剛經》上都說完了。

「譜到獅絃聲斷續」，《金剛經》等於獅子之絃，用獅子身上的筋作絃的琴，它發出的琴聲，百獸聽到都會頭痛。再重一點，百獸聽到腦子都裂了，因為獅子是百獸之王。佛說的法是哲學裡的哲學，經典裡的經典，世界上真正形而上的道法，直截了當，全部都告訴我們了，但是我們不知道。這個琴譜彈到獅子之絃，這個聲音彈的《金剛經》也好，《法華經》也好，《華嚴經》也好，斷斷續續，都彈給我們聽了，高明的歌曲統統唱給我們聽了，我們還是不懂。等於一個叫化子沿門唱蓮花落一樣，唱了半天沒有人理，人不覺得好聽。「為誰辛苦唱荒村」啊！這是對釋迦牟尼佛幽默一下。實際上，我真為釋迦牟尼佛一灑同情之淚，他講到三十一品了，快講完了，有誰懂得他呢？他又何必在那裡講呢？「為誰辛苦唱荒村」啊？再唱一遍也沒有用，因為知音難遇啊，永遠不懂。實際上，他說得最親切、最平凡。

我們現在再一次回過頭來看，《金剛經》最開始，第一個重點是三個字——「善護念」。凡夫也好，成佛也好，只有一個法門，就是「善護念」。護什麼念？「無所住」。怎麼「無所住」？很簡單，「不生法相」。成了佛的人怎麼樣呢？也是一樣，吃飯穿衣，飯吃飽了，洗腳打坐，就是那麼平凡。沒有什麼頭上放光啦！心窩子放光啦！六種神通啦！都不來。吃飯穿衣敷座而坐。然後你問話，他答覆，就是那麼簡單。《金剛經》就是平凡裡頭的真實，平凡裡頭的超脫。

第三十二品　應化非真分

須菩提。若有人以滿無量阿僧祇世界七寶。持用布施。若有善男子。善女人。發菩提心者持於此經。乃至四句偈等。受持讀誦。為人演說。其福勝彼。云何為人演說。不取於相。如如不動。何以故。一切有為法。如夢幻泡影。如露亦如電。應作如是觀。佛說是經已。長老須菩提。及諸比丘。比丘尼。優婆塞。優婆夷。一切世間天人阿修羅。聞佛所說。皆大歡喜。信受奉行。

應化非真

昭明太子把最後一品標題「應化非真」。佛說法四十九年，但在《金剛經》上卻說沒有說一個字。這個法不可說，說的都不是，因為說的都會住於法相，開口就不對。這個道理我們大家都曉得，大家閉起眼睛一想就懂，可是自己心裡的思想，所想的東西，或一做事，開口一講出來，就變成兩回事了。譬如上街想買隻手錶，如果人家問你要什麼手錶？自己連畫出來都不對，與你心裡所想的完全兩樣。因此我們曉得，為什麼許多人文章寫不好？儘管你思想很美麗，一下筆寫文章，就不是你原來那個美麗的思想了，結果自己越看越不對，文章是文章，思想是思想，反正不對！

其次，思想、筆桿、說話，速度不配合，思想來得快，尤其是聰明的人，思想來得更快，一秒鐘同時好幾件事情已經了解了，叫我們寫出來的話，一秒鐘的思想要寫出來，起碼要五六分鐘。這五六分鐘裡有多少秒，又加上多少思想，最後都搞亂了。所以佛說的，他那個真正的佛法，他說他沒有說，不可說，說的就不是，一開口就不是它了。

那麼不開口怎麼懂它呢？所以只好拈花微笑。這一笑比說話好得多了，你看，兩個朋友要說笑話，要恥笑另外一個人，只要彼此看一眼就懂了，比說話快得多啦，對不對？尤其年輕人眉目傳情，當著父母面前，兩個人眼睛動都不動，只要對看一眼，他倆個就通了，可見心理的思想與言語是兩條路。所以佛說，一生說法，沒有說一個字；換句話說，佛辛辛苦苦投生到這個世界來，為世人說法，來應化教化這個世界，「譜到獅絃聲斷續」，他老人家辛辛苦苦在那裡唱歌，宣傳了四十九年，「為誰辛苦唱荒村」？流傳了兩千多年，只看到處處的冷廟孤僧，一個廟子一個庵，淒淒涼涼的香火，木魚在嘟啊嘟的敲，看到一個兩個和尚啊，面有菜色，如此而已。我所以幽默他，「為誰辛苦唱荒村」。雖然幽默他，自己也有同感，真是千古英雄只好同聲一哭！

內聖外王菩提心

須菩提。若有人以滿無量阿僧祇世界七寶。持用布施。若有善男子。善女人。發菩提心者持於此經。乃至四句偈等。受持讀誦。為人演說。其福勝彼。

他說假使世界上有人，用無量無數充滿宇宙那麼多的寶物布施，這個人當然功勞大、福德大。《金剛經》的文字是古樸而不講細緻的，不論文章也好，一幅畫也好，其他藝術品也好，太精緻完美，那就完了。像那個殷商朝的古董，一塊泥巴，但是你擺在那裡越看越有趣，因為它是一塊很古樸的東西，這樣想也對，那樣想也對，隨你去想吧！現在的東西啊，精緻完美，但是看了三天，就不要看了，討厭了，再沒得可看了。也等於我們現在穿衣服，為了表示曲線，肉也露出來，腰也露出來，看慣了以後，將來就不要看了。所以我說將來要剝皮才行，剝完了皮以後，又沒得玩的了，一定又是多穿些衣服蓋起來。佛經的文學是樸實寬鬆而不是精細的型態，有時它文字上沒有作轉折，但是一看就懂了。其實「若」字就是轉折，若就是假使，假使有一個「善男子善女人，發菩提心者持於此經，乃至四句偈等，受持讀誦，為人演說，其福勝彼」。

所以我們可以說，滿座都是有福人。但是，佛說的有個先決的條件，就是「發菩提心」。這可是很嚴重的了，什麼叫菩提心？前面我們已經說過，現在再不厭其詳的說說，加深大家的印象。菩提就是覺悟，不是我們中文講的覺悟，是大澈大悟，般若波羅蜜多這個覺悟，是能超脫三界的這個覺悟。悟道就是菩提心的體，菩提心的相與用是大悲心，大慈大悲。真發了菩提心悟了道的人，你不必勸他發大慈大悲心，他已經自然發出大慈悲心了。

有許多朋友說：我啊，什麼都信，就是有一點，發不起菩提心。我說：你觀念不要搞錯了，以為看見花掉下來，眼淚直流，看到一點點可憐事而心軟，那個叫發菩提心嗎？那是提菩心，不是菩提心。那是婦人之仁，是你神經不健全，肝氣不充足，或者腎虧，所以容易悲觀，容易掉眼淚，就是如此而已。真正發菩提心的人，菩薩低眉，金剛怒目，大慈悲，武王一怒而安天下，這些才是菩提心、大悲心。用仙家的道理來說，菩提心是內聖外王，體是內聖之學，用是外王之學。以佛家的道理來講，菩提心的體，大澈大悟而成道，阿耨多羅三藐三菩提，般若波羅蜜多，形而上道，證道。菩提心的用是大慈大悲，愛一切眾生，度一切眾生，不是躲在冷廟的孤僧，或自命清高的隱士。所以說，發菩提心的人，重點是在這個地方受持《金剛經》的。

有人說唸《金剛經》幾十年了，自己也不曉得發的什麼心！只想唸經求福報，或求其他的什麼，而且也有感應呀！不錯，那有另外的解釋，但是如果沒有感應的話，那你就要注意自己有沒有發心立志了。《金剛經》上說「若有善男子善女人，發菩提心者，持於此經」，意思是依教奉行，依他所教育的，老老實實的去體會，去修持。在行為上，作人上，打坐做工夫上，乃至做事上去修持。

學佛的懶人

有些人學佛以後，第一個毛病就是懶。學佛修道的人都很懶，看起來是萬緣皆空的樣子，實際上你研究他的心理行為，那是絕對的懶，空是假的，懶是真的。你說他空了，躺在那裡，或坐在那裡，妄想多得很，一點都沒有空。可見他很忙啊！他是躺在那裡坐在那裡忙，叫他起而行之，他說學佛的人不來這個，實際上是懶。叫他發菩提心來利世利人，阿彌陀佛，我不是菩薩啊，要有菩薩心的人做啊，他自己懶、自私，你叫他起來做點小事，他就懶起來了，拿空來擋。根據我的經驗，學佛修道的人，廢物多，懶的多。佛叫你精進，你做不到，叫你諸惡莫作，眾善奉行，你做不到。姑且不論諸惡莫作，一善都不行是真的，因為他懶嘛！這是我們要自我檢討的，非常嚴重的問題。《金剛經》最後叫你「受持」，你精進之心沒有，利他之心沒有，那是《金剛經》持你，不是你持《金剛經》。

「持於此經，乃至四句偈等」，依此修持，「受持讀誦，為人演說」。演說不是指現在的講演，而是解釋發揮這個道理，說給人聽，使人了解。「其福勝彼」，他說那比你用三千大千世界珍寶布施還要厲害，因為這個是法布施。佛學認為法布施比財布施更重要。什麼是法布施呢？就是精神的布施，為人類的智慧生命，文化全部的功德而做的布施。所以他說這個福德勝過財布施。

現在我們在座的人，研究《金剛經》，又講《金剛經》，那福氣不是好得很嗎？那當然好啊！坐在那裡萬事都不做，冷氣吹著，又可以瞎想一頓，這兩個鐘頭蠻舒服的嘛！這就是有福氣了。什麼是福？平安就是福，呂純陽有一首詩描寫福氣：

一日清閒自在仙　六神和合報平安
丹田有寶休尋道　對境無心莫問禪

「一日清閒自在仙」，一個人有人間的清閒，就是神仙的境界，這一天當中不生病也沒有痛苦，「六神和合報平安」就是福。「丹田有寶休尋道」，是指心田，心裡清淨就是修行，不必再去尋個什麼。「對境無心莫問禪」，對境無心就是禪嘛！何必再問禪呢！所以啊，我們曉得平安就是福，「六神和合報平安」就是福。千萬不要認為要給人家講經唸經才有福，那你又生法相了。下面所以告訴你：

云何為人演說。不取於相。如如不動。何以故。

不要著相，儘管在說佛法，始終沒有一點佛味，不像那些佛油子，而是很平凡、很平靜；儘管在講《金剛經》，沒有一點金剛鑽的味道，「如如不動」。

什麼是「如如不動」呢？「不生法相」，「善護念」，「無所住」。

離經的四句偈

怎麼樣叫作「不取於相，如如不動」呢？

一切有為法。如夢幻泡影。如露亦如電。應作如是觀。

這是《金剛經》最後一個四句偈。《金剛經》有好幾個四句的偈，「若以色見我，以音聲求我，是人行邪道，不能見如來」等等，共有兩三處地方。所以有人提出來，經中所說的四句偈，究竟指的是哪四句偈？

哪四句都不是！這四句偈，離經而說是指空、有、非空非有、亦空亦有。假如一定要以偈子來講，非要把它確定是哪四句不可的話，你就要注意《金剛經》所說的：「不生法相」，「無所住」。非要認定一個四句偈不可，就是自己生了法相！所以說都不是。這才是「不取於相，如如不動」，才能講四句偈。

有為法與無為相對，無為就是涅槃道體，形而上道體。實相般若就是無為法，證到道的那個是無為，「如如不動」；有為的是形而下萬有，有所作為。一切有為法如夢一樣，如幻影一樣，電影就是幻。泡是水上的泡沫，影指燈影、人影、樹影等。佛經上譬喻很多，夢幻泡影，水月鏡花，海市蜃樓，芭蕉，又如犍達婆城，就是海市蜃樓，如陽燄，太陽裡的幻影等。

年輕的時候學佛，經常拿芭蕉來比，我說芭蕉怎麼樣？「雨打芭蕉，早也瀟瀟，晚也瀟瀟」，這是古人的一首詩，描寫一個教書的人，追求一位小姐，這位小姐窗前種了芭蕉，這個教書的就在芭蕉葉上題詩說：「是誰多事種芭蕉，早也瀟瀟，晚也瀟瀟」。

風吹芭蕉葉的聲音，颯颯颯……吵得他睡不著，實際上，他是在想那位小姐。那位小姐懂了，拿起筆也在芭蕉葉上答覆他：「是君心緒太無聊，種了芭蕉，又怨芭蕉」。

是你自己心裡作鬼太無聊，這個答覆是對不住，拒絕往來。我們說芭蕉，難道佛也曉得這個故事嗎？不是的，這是中國後來的文學。砍了一棵芭蕉，發現芭蕉的中心是空的，杭州話，空心大老倌，外表看起來很好看，中間沒有東西。所以這些譬喻，夢幻泡影等，都是講空，佛告訴我們，世間一切事都像做夢一樣，是幻影。

夢幻中如如不動

二十年前的事，現在我們回想一下，像一場夢一樣，對不對？對！夢有沒有啊？不是沒有，不過如做夢一樣，當你在做夢的時候，夢是真的；等到夢醒了，眼睛張開，哎呀，做了一場夢！你要曉得，我們現在就在做夢啊！

現在我們大家做聽《金剛經》的夢！真的啊！你眼睛一閉，前面這個境界，這個夢境界就過去了，究竟這個樣子是醒還是夢？誰敢下結論？沒有人可以下結論。你一下結論就錯了，就著相了。

幻也不是沒有，當幻存在的時候，幻就是真，這個世界也是這樣。這個物理世界的地球也是假的，它不過是存在幾十萬億年而已！幾千萬億年與一分一秒比起來，是覺得很長，如果拿宇宙時間來比，幾千萬億年彈指就過去了，算不算長呢？也是幻呀！水上的泡泡是假的真的？有些泡泡還存在好幾天呢！這個世界就是大海上面的水泡啊！我們這個地球也是水泡，你說它是假的嗎？它還有原子，還有石油從地下挖出來呢！那都是真的呀！你說它是真的嗎？它又不真實永恆的存在！它仍是幻的。你說影子是真是假？電影就是影子，那個明星林黛已經死了，電影再放出來，一樣的會唱歌會跳舞，李小龍一樣打得劈里啪啦的。所以《金剛經》沒有說世界是空的，可是它也沒有告訴你是有的，空與有都是法相。

所以你研究了佛經，說《金剛經》是說空的，你早就錯得一塌糊塗了，它沒有告訴你一點是空的，它只告訴你「一切有為法，如夢幻泡影」。夢幻泡影是叫你不要執著，不住，並沒有叫你空不空。你如果說空是沒有，《金剛經》說：「於法不說斷滅相」，說一個空就是斷滅相，同唯物的斷見思想是一樣的，那是錯的。當夢幻來的時候，夢幻是真；當夢幻過去了，夢幻是不存在的；但是夢幻再來的時候，它又儼然是真的一樣。只要認識清楚，現在都在夢幻中，此心不住，要在夢幻中「不取於相，如如不動」，重點在這裡。

當你在夢中時要不著夢之相；當你作官的時候，不要被官相困住了；當你做生意的時候，不要被鈔票困住了；當你要兒女的時候，這個叫爸爸，那個叫媽媽，不要被兒女騙住了；要不住於相，如如不動，一切「如夢幻泡影」。下面，「如露亦如電」，早晨的露水也是很短暫的，很偶然的湊合在一起，是因緣聚會，緣起性空。因為性空，才能生緣起，所以說「如露亦如電」。你說閃電是沒有嗎？最好不要碰，碰到它會觸電，但是它閃一下就沒有了。

很多人唸完《金剛經》，木魚一放，嘆口氣：唉！一切都是空的。告訴你吧！一切是有；不過「一切有為法，如夢幻泡影，如露亦如電，應作如是觀」。這是方法，你應該這樣去認識清楚，認識清楚以後怎麼樣呢？「不取於相，如如不動」，這才是真正學佛。所以，有許多年輕人打坐，有些境界發生，以為著魔了，沒有什麼魔不魔！都是你唯心作用，自生法相。你能「不取於相」，魔也是佛；著相了，佛也是魔。所以，「一切有為法，如夢幻泡影，如露亦如電，應作如是觀」，這就是最好的說明，佛講到這裡，《金剛經》全部圓滿。

佛說是經已。長老須菩提。及諸比丘。比丘尼。優婆塞。優婆夷。一切世間天人阿修羅。聞佛所說。皆大歡喜。信受奉行。

《金剛經》中對須菩提有三處不同稱法，「善現須菩提」、「慧命須菩提」及「長老須菩提」。讀書要留意，這三處是三個不同程序，指其所理解的，所悟到的程度不同，稱呼也就不同。這時，長老須菩提及出家的男女兩眾，在家的男女兩眾，共稱四眾弟子，及一切世間的人，天上的神，阿修羅等，聞佛所說，皆大歡喜。相信了、接受了，依照這個方法，金剛般若波羅蜜去修行。本經圓滿。我們的結論偈子：

第三十二品偈頌

衡陽歸雁一聲聲　聖域賢關幾度更
簑笠橫挑煙雨散　蒼茫雲水漫閒行

「衡陽歸雁一聲聲」，到了秋天，雁由北方回來，到衡陽為止。就是說明人要找回自己生命的本來，所謂找回自己的明心見性，找自己父母未生以前的本來。

「聖域賢關幾度更」，聖人悟道成了佛，凡人沒有什麼，我要過去，你就過來；你要過去，我就過來；聖人、凡夫、一切眾生等無差別。佛說了《金剛經》，許多人真悟到了這個道，反而出家了，偷懶去了。

「簑笠橫挑煙雨散」，真悟道了，解脫了，把頭剃光，穿個和尚衣服，穿個簑衣戴個斗笠。橫挑，拿個扁擔挑個行李，橫起來走，那個表示解脫了，無天無地，世界都可以橫行。「簑笠橫挑煙雨散」，雨過天晴，了解了佛法如此，自己也成道了。成道了怎麼樣？作個小乘人嗎？

「蒼茫雲水漫閒行」，再來到這個世界，菩薩再來。再來又怎麼樣？遊戲人間，玩玩就走了，如此而已。此所謂解脫，一切皆是遊戲，成了佛來說法四十九年，他老人家遊戲了一場，遊戲了四十多年，兩眼一閉說再見，所作已辦，他也走了。《金剛經》所告訴我們的是如此，這是全部《金剛經》，這一個課程，今天就是圓滿的結束了。

總結論

現在給大家再作一個總結，把《金剛經》的重點重複說一遍，希望大家注意！第二品「善現啟請分」，重點在「善護念」，由凡夫到成道之路，聖人與凡夫同一個修持的方法，善護念，要善於護念。怎麼護念？「應無所住」，「不生法相」，「如如不動」，「不取於相」，就是內心平靜的這一念。

護個什麼念？第三品「大乘正宗分」，已經給我們說出來了，學佛就是證道，釋迦牟尼佛及一切佛所證的，那個最高的境界叫涅槃。涅槃不是死亡，涅槃是圓滿，不生也不死，不來也不去，永遠是清淨。縱然在動亂中，也在清淨，如如不動。所以得道境界就叫作涅槃。第三品告訴我們，沒有一個方法可使一切眾生皆入涅槃，因為自性自度，佛也不能度你。神仙與佛，不過是自度的過來人；一切明師只是把整個經過的經驗告訴你。人畢竟要自度，一切眾生皆要自度，所以涅槃無法。

曉得涅槃無法，那叫我怎麼修行呢？善護念。不要忘記了，真正善護念，「不住於相」，就到達涅槃，此外別無他法。

第五品「如理實見分」是見如來；怎麼見呢？佛告訴大家，不要有一個身相，學佛最困難的就是離不開身相這個肉體，所有的工夫都在肉體上轉，都是著相。所以說「凡所有相，皆是虛妄，若見諸相非相，即見如來」。首先要去身相，身相不去，就是我相不去；我相不去，有我就有你，有他就有人，就是人相不能去；人相不能去，壽者相不能去，眾生相不能去。我們大家學佛就要反省反省，不要說四相，連一相都去不了！恐怕四相還會變八相，八相變十六相，相相皆全，然後變成眾盲摸象！所以啊！要見如來先去掉身相，身相滅了，即可見如來。

因此第六品「正信希有分」告訴我們，身相去掉，然後再去心相。有心相就有法相，觀念一搞不清楚，不管你打坐也好，做其他工夫也好，統統在心相上造一個法相，大家都在那裡欺騙自己，以為在修道，做工夫，其實自己只不過都在心中製造意識法相而已！所以佛告訴我們，「汝等比丘，知我說法，如筏喻者，法尚應捨，何況非法」。一切法皆不是法，我說的法就像過河的船，過了河，船要丟掉，還抓住一個佛法當作是正法，就是法不能捨。

接著第九品「一相無相分」，告訴我們真正的佛法，要能夠去掉身相心相，「不生法相」，自己心裡不製造出來一個法相，不造妖揑怪。像禪宗祖師罵人的話，自己畫一個怪相，以為是道是佛。或者像丹經道書上說，得嬰兒了，裡頭畫一個小孩，等一下從頂上出來，一天到晚還要十月懷胎，多辛苦啊！或者是一顆明珠一顆丹，圓陀陀光爍爍，那是醫院裡胃鏡下去了，再不然就是得癌症啦！裡頭真有顆丹還得了嗎？這些說法只不過是表達一個意思罷了，你千萬不要著相。得道，得個什麼？無所得！最難就是無所得，一切無所得，不住法相。

到了第十四品「離相寂滅分」，真正的學佛是高度的智慧，「第一波羅蜜」，至高無上的智慧。什麼叫「第一波羅蜜」？真智慧就是無智慧，就是老子說的大智若愚，有個智慧的境界，那就糟了。真正的智慧也就是《中庸》說的：「上天之載，無聲無臭」，沒有思想，沒有憂慮，既無煩惱亦無悲，覺性清淨，這是第一波羅蜜，真正第一等成就的最高智慧。智慧是成佛的方法，成佛的工具，《金剛經》所講的，就是第一波羅蜜，成佛的工具。

然後到了十七品「究竟無我分」，在這一分，他告訴我們真正成佛的工具是什麼，世界上做任何東西，都要具備工具，我們要想成佛，工具是什麼？智慧！「第一波羅蜜，即非第一波羅蜜，是名第一波羅蜜」。你說，我智慧很高，自恃聰明，那你就是第一等笨人。怎麼樣才是第一等智慧呢？言語道斷，心行處滅，到這個境界無思無慮，是第一波羅蜜。以這個方法來求佛、學佛、成佛，就對了。

佛開始已經告訴我們「應無所住」，到了第十七品，佛再次提起來第二種說法，又說無住無相。空、無住、無相，是般若的三法印，也就是空、無相、無願，三個大要點。但是《金剛經》一字也不提空，既然無住無相了，自然空。空與不空，都是落兩邊的話，所以不提，只說無住無相。那麼到了無住，再重複吩咐我們，人生修道，證道，為什麼不能成佛？因為首先身見去不掉，總覺得有我，有這個身體，把身體看得很牢。去身見，去世間之見，把物質世界、空間的觀念、身體、佛土觀念，統統去掉。連西方極樂阿彌陀佛國土，東方藥師如來國土，以及世間法構成的世間國土觀念，統統去掉。換句話說，把所有時空的觀念、身心的觀念，統統放下，要這樣來修持才行。

第十八品「一體同觀分」，三心不可得。第二種方法當中告訴我們，你要從自己心理上檢查，「過去心不可得，現在心不可得，未來心不可得」，不可得的也不可得，是名不可得，不可得就是不可得！

過去的已經過去，未來的還沒有來，我們剛說現在心，我們心裡想現在，已經沒有了，過去了，如夢如幻。所以說，我們眾生的煩惱，就是因為三心認不清楚，三心兩意的，就像剛才我說在理髮店那兩個老頭子，七十幾歲，七七八八的，哎唷！我還只二十幾歲，那早過去了。過去心不可得，他還要回想！

碰到老年人，我是最怕的，只好靜靜的作聽眾。他說當年怎麼樣，過去怎麼樣怎麼樣，都是這樣。越老越想起當年事，我當年怎麼樣威風，怎麼漂亮，怎麼了不起。今天說一遍，過幾天他來了，以為自己沒有說過，說的又是這一套。所以年輕人碰到老年人，天呀，實在受不了啊！我都受不了，何況年輕人。

老年人要有自處之道，老年人最大的毛病，思想上困在一個法相，只想當年，因為他不敢想明天，明天靠不住嘛！年輕人決不想當年，只想明天，明天又想明天。所以老年人跟年輕人坐在一起，一個光想過去，一個光想未來，怎麼能合得攏呢！所以我們修道的老年朋友們，年紀到了光想明天好了，明天沒有地方去，就去西方極樂世界嘛！永遠有明天，不要想過去，「過去心不可得」。

年輕人也要注意，未來心也不可得啊！你將來如何如何，你將來怎麼樣！你將來跟我一樣，也是老頭子！你將來難道不變成老頭子嗎？那你就很慘了，短命而去對不對？你要活久一點就一樣變成老頭子，一樣老太太。那個「未來心不可得」，不要去想它啦！

所以真正的佛法最現實，只有現在，現實，「現在心不可得」，心安理得，此心清淨得很，這就是佛法。三心不可得，隨時研究清楚，過去已過去，未來且莫算，剛說現在，現在已沒有了，那就很好嘛！

你們諸位打坐，說坐不下來，那才奇怪；兩腿沒有盤以前已過去了，兩腿盤了以後，管它氣脈通不通，「未來心不可得」，現在就是盤腿，「現在心不可得」就好了，不就安下來了嗎？可是大家打坐修道，貪心大得很哪！專想那個未來不可得的，硬想得到它！想自己的臉要像阿彌陀佛那樣面如滿月，頭頂放光，這裡長個眼睛，三千大千世界都看得到，都是在那裡幻想！這不是自找麻煩嗎？

青年同學注意！我一聽到你們年輕人學佛，我頭就大了，先學作人，能把儒家四書五經作人之理通達了，成功了，學佛一定成功。像蓋房子一樣，先把基礎打好。人都沒有作好，你要學佛，你成了佛，我成什麼？要注意啊！要先學作人，人成了，就是成佛。佛法告訴你的就是這個道理，我所說的，可沒有違背《金剛經》任何要點。

三心不可得方法講清楚了，到了第二十二品「無法可得分」，無法可得，又對你重複說一道，不住一切法相，你有法可得，住於法相，已經不是道了。是無法無得！

第二十六品「法身非相分」，告訴你色相空，佛說一個偈子，「若以色見我，以音聲求我，是人行邪道，不能見如來」。他嚴重的指出來，一般學佛修道的大毛病，不是以色求道，就是以音聲求道。佛告訴你這種觀念、這種方法都是邪道，「不能見如來」，永遠不能成就。

接著就是第二十七品「無斷無滅分」，佛法沒有說空，也沒有說斷滅見的空，所以，空觀與斷滅見都不是。「發阿耨多羅三藐三菩提心者，於法不說斷滅相」。

然後最重要的到了，就是第三十品「一合理相分」，如來本體，體相用，成佛之道，法身、報身、化身的道理，「一合相」的道理。佛固然並不說斷滅相的空，但是，他也不說世間相的有，有是幻有，空是真空。真空不是沒有，因其真空，所以能起幻有世界，是偶然暫時存在的世界。一切有是暫時的，並不是沒有，但不是畢竟，而是「畢竟空，勝義有」，並沒有說畢竟有，勝義空。空是一個境界，一個作用。

佛開始就講，一個人學佛發願，使一切眾生皆入涅槃，度一切眾生，實在沒有一個眾生可度的。為什麼？眾生自性自度，所以，「一切有為法，如夢幻泡影，如露亦如電，應作如是觀」。如如不動，不住法相。他為什麼說眾生沒有一個是所度，都是靠自性自度的呢？你教書久了就了解，教千千萬萬個學生，哪一個學生將來學問好，都是他自性自度的，你教他不過是刺激他一下，使他自己的智慧打開而已，千萬不要以為是老師那裡傳了一個咒子。就像針灸的那一針，穴道扎對，就不痛了，他不痛不是你那個針多麼靈光，而是他的氣血走通了，他自己的氣血。所以，那是智慧的傳授。佛說沒有度人，度盡一切眾生，他說沒有一個眾生是他度的，自性自度，個個都是佛，只要你平實的去做。

怎麼樣平實的去做呢？《金剛經》開始就告訴你，怎麼樣叫修行？不要忘記了開頭第一品，穿衣、吃飯、洗腳、睡覺，就是規規矩矩作人，老老實實做事，諸惡莫作，眾善奉行，都說完了。他開頭自己擺一個榜樣給你看，他自己穿上衣服、化緣、吃飯，吃完了，洗了泥巴腳，敷座而坐。也沒有一個學生把他位置鋪好，是他自己來安置，弄弄好，敷座而坐，把位置拍拍平，然後自己上去坐。

剛剛弄好，吃飽了想休息，那個學生須菩提不讓他休息，就來問問題了。他肚子還沒有消化，只好開始說法，說到今天晚上，總算說完了，這一本《金剛經》就圓滿了。

後記

有機緣整理懷師所講的《金剛經》，是我一生中最大的幸事，自己獲益之多，真是不可說，不可說。

很多年前，在一個十多人的社會賢達聚會場合，懷師也講過《金剛經》；當時由李淑君同學記錄整理，發表於《人文世界》，後來又集印出版，書名是《金剛經別講》。

這本《金剛經別講》出版後，懷師曾囑老古公司的負責人，不可再印；但是由於此書頗受青年人的歡迎，所以又一直印了不少次。那時，懷師人在國外（由此也看出作老師的無奈）。

嚴格說來，那本「別講」不能算是懷師的講經記錄，應該說是李淑君同學聽懷師講《金剛經》的心得著述。改一下書名，改一下作者的名字，一切就對了。

為了這個原因，重新整理懷師的《金剛經》講記，成為近年來推動的計劃。要整理出懷師所講的才對，沒有他人的意見。

袁居士，王居士等，先後曾有整理的心願，他們文筆都好，又是懷師二十多年的常隨眾，結果都因故而作罷。當時古國治同學正在忙於《圓覺經》的整理，周勳男同學忙著《宗鏡錄》及其他幾本書；還有些同修同學們，也各自忙著，無法抽暇；最後，只好由我濫竽充數了。

那段時間，為了老古公司文字的事，我經常來往於海峽兩岸；也從一年多前，行囊中就開始帶著這些稿子，旅途倒也頗不寂寞。客次夜深人靜時，燈下翻閱，真是一服清涼劑，洗刷了白天事務上的煩擾；那個滋味是很難描述的，境界卻是充滿了歡喜讚歎的！

今年的三月，終於完工了；整理告一段落，行囊也輕了。四月初我再往北京，在港停留的機緣，我就將此事稟報懷師。當時我不停的說著整理這本講記的感受，自己又是多麼的受益等等，我更不斷的讚歎著講得多麼好！多麼好！多麼好！

我之所以不停的嘮叨，是有原因的；因為懷師對於出版他的講演記錄，一向並不積極；有時甚至還打破鑼。關於這個情況，接近懷師周圍的人都很知道。懷師常說，三藏十二部佛都講完了，還說什麼？都是多餘！既說了也就過去了，還出什麼書！

大概我來來去去不斷嘮叨這件事，使懷師心有不忍；也許是他對我的囉嗦嗦心生憐憫；總之，這一次懷師聽到我的囉嗦，忽然很意外的提出來一個書名《金剛經說甚麼》。

啊！懷師終於答應出版了！我當時真是興奮莫名。

接著，一件極不平常的事發生了，使我對《金剛經》有些體會。

四月二十七日下午三點多鐘，我從北京搭機到了香港，由停機坪坐巴士到機場大樓，再乘扶手電梯預備入境通關。正當電梯行進時，上面突然有人大喊：「下去下去，人太多了！」於是人群開始往下走，剎那間，我被人群擠倒了。

當我明白過來的時候，發現自己坐在已經靜止的電梯台階上。我閉著眼，渾身並無痛楚，想著我大概是死了吧！也好！死了就死了，心中好像也沒有什麼。

這時忽然聽到有人說：「她在流血呢！」同時我也感到有手帕在我胸前擦拭流的血。

我微睜了一下眼，看見血從頸上流到胸前；我又閉上了眼，不去理睬，空掉這一切的事，空掉身體。我為什麼要這樣？自己並不知道，好像只是順應自然而已。

那時，我心中清清楚楚，平平靜靜，「善護念」在腦海中閃了一下，就這樣護持著吧！管它是不是護持著呢！我照樣回答他們的問題，告訴他們香港素美的電話……有人用輪椅推我出關，取行李，去醫務室包紮，再到伊莉莎白醫院急救……我隨意護持著心念不動，不去想任何事，或任何問題，既無歡喜也無悲，平平淡淡……

難怪血流如注！原來頭破了，幸未傷及頭骨，醫生說要縫五針，又說頭上不能打麻藥針，就是這樣縫！

一針扎到頭皮傷口上，我突然痛得大叫起來，心中刮起了狂風巨浪，原來我是一個不折不扣的凡夫，原來真刀真槍時，我是一個真凡夫！

「醫生啊！」我喊道：「你的針一定生鏽了，請你先把針磨一磨吧！」

縫我的人不理我的話，站在我前面的一位男護士，扶著我的頭，用廣東國語說：「你現在還開玩笑啊！我們的針很好呢！縫針的小姐手術也高明哩！你不去想就不痛了嘛！」

一句話點醒了我，想起來《金剛經》中佛被歌利王割截身體的時候，無我相，無人相……佛對害他的人尚且如此慈悲，現在縫我的人是救我啊！也不過是針扎而已啊！快丟掉一切相吧！

我不知道自己丟掉了多少，反正，後來縫的四針就沒有那麼痛了，也許是……那個針已經磨得光滑鋒利了吧！

這件事過去一個多月了，不管它是否已完全過去，反正人的一生都是大苦不斷，小苦連連。人生的苦，也許只有在苦中解脫；古來禪師們所說，必定要大死一番才行，大約也是從苦中才能明白的意思。所以，沒有苦又怎麼去解脫苦？沒有苦又怎麼能離苦得樂呢？
懷師在書中說：不苦就是樂。

劉雨虹　記

一九九二年六月三日　台北

南懷瑾文化出版相關著作

2014年出版

南師所講呼吸法門精要
劉雨虹／彙編

孟子與盡心篇
南懷瑾／講述

東拉西扯──說老人，說老師，說老話
劉雨虹／著

雲深不知處：南懷瑾先生辭世週年紀念
劉雨虹／編

禪海蠡測
南懷瑾／著

禪海蠡測語譯
南懷瑾／原著，劉雨虹／語譯

孟子與滕文公、告子
南懷瑾／講述

太極拳與靜坐
南懷瑾／講述

2015年出版

點燈的人：南懷瑾先生紀念集
東方出版社編輯群／編

金粟軒紀年詩
南懷瑾／原著，林曦／注釋

話說中庸
南懷瑾／著

孟子與萬章
南懷瑾／講述

2017年出版

瑜伽師地論 聲聞地講錄（上下）
南懷瑾／講述

靜坐修道與長生不老
南懷瑾／著

圓覺經略說
南懷瑾／講述

答問青壯年參禪者
南懷瑾／講述

說不盡的南懷瑾
查旭東／著

說南道北：說老人 說老師 說老話
劉雨虹／著

南懷瑾與楊管北
劉雨虹／編

禪、風水及其他
劉雨虹／著

如何修證佛法（上下）
南懷瑾／講述

藥師經的濟世觀
南懷瑾／講述

懷師之師：袁公煥仙先生誕辰百卅週年紀念
劉雨虹／編輯

我的故事我的詩
南懷瑾／講述

孟子與離婁
南懷瑾／講述

孟子與公孫丑
南懷瑾／講述

對日抗戰的點點滴滴
南懷瑾／口述

孟子旁通
南懷瑾／講述

2016年出版

大圓滿禪定休息簡說
南懷瑾／講述

我說參同契（上中下）
南懷瑾／講述

人生的起點和終站
南懷瑾／講述

孔子和他的弟子們
南懷瑾／講述

漫談中國文化：企管、國學、金融
南懷瑾／講述

跟著南師打禪七：一九七二年打七報告
劉雨虹／編

2018年出版

洞山指月
南懷瑾／講述

百年南師——紀念南懷瑾先生百年誕辰
劉雨虹／編

新舊教育的變與惑
南懷瑾／著

禪與生命的認知初講
南懷瑾／講述

易經繫傳別講（上下）
南懷瑾／講述

道家密宗與東方神祕學
南懷瑾／著

中醫醫理與道家易經
南懷瑾／講述

2019年出版

花雨滿天維摩說法（上下）
南懷瑾／講述

金剛經說甚麼（上下）
南懷瑾／講述

編印中

原本大學微言（上下）

列子臆說（上中下）

易經雜說

皇極經世書

金剛經說甚麼下冊

建議售價・600元（上下冊不分售）

講　　述・南懷瑾
出版發行・南懷瑾文化事業有限公司
網址：www.nhjce.com
代理經銷・白象文化事業有限公司
412台中市大里區科技路1號8樓之2（台中軟體園區）
出版專線：（04）2496-5995　　傳真：（04）2496-9901
401台中市東區和平街228巷44號（經銷部）
購書專線：（04）2220-8589　　傳真：（04）2220-8505
印　　刷・基盛印刷工場
版　　次・2019年6月初版一刷
2020年10月初版二刷
2021年9月初版三刷
2022年8月初版四刷
2023年11月初版五刷

設計編印
白象文化
www.ElephantWhite.com.tw
press.store@msa.hinet.net
總監：張輝潭　專案主編：林榮威

國家圖書館出版品預行編目資料

金剛經說甚麼（上下冊）／南懷瑾講述．--初版.—
臺北市：南懷瑾文化，2019.06
面：　公分.
ISBN 978-986-91347-0-5（平裝）
1.般若部
221.44　　103024562